U0099223

楊　簡

鄭　曉　江
李　承　貴　著

1996

東大圖書公司印行

世界哲學家叢書

國家圖書館出版品預行編目資料

楊簡／鄭曉江，李承貴著.--初版.--
臺北市：東大發行：三民總經銷，
民85
　　面；　公分.--(世界哲學家叢書)
參考書目：面
含索引
ISBN 957-19-1945-4 (精裝)
ISBN 957-19-1946-2 (平裝)

1.(宋)楊簡-學術思想-哲學

125.7　　　　　　　　　　　85009549

國際網路位址　http://sanmin.com.tw

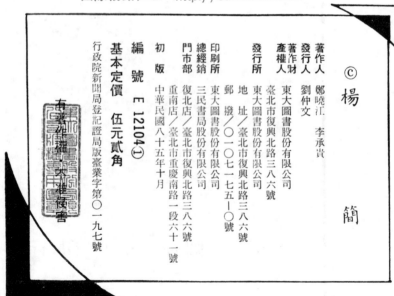

ⓒ 楊　簡

著作人　鄭曉江　李承貴
發行人　劉仲文
著作財
產權人　東大圖書股份有限公司
發行所　東大圖書股份有限公司
　　　　地址／臺北市復興北路三八六號
　　　　郵撥／〇一〇七一七五一〇號
印刷所　東大圖書股份有限公司
總經銷　三民書局股份有限公司
門市部　復北店／臺北市復興北路三八六號
　　　　重南店／臺北市重慶南路一段六十一號
初版　　中華民國八十五年十月
編　號　E 12104①
基本定價　伍元貳角
行政院新聞局登記證局版臺業字第〇一九七號

有著作權‧不准侵害

ISBN 957-19-1945-4 (精裝)

「世界哲學家叢書」總序

　　本叢書的出版計畫原先出於三民書局董事長劉振強先生多年來的構想，曾先向政通提出，並希望我們兩人共同負責主編工作。一九八四年二月底，偉勳應邀訪問香港中文大學哲學系，三月中旬順道來臺，即與政通拜訪劉先生，在三民書局二樓辦公室商談有關叢書出版的初步計畫。我們十分贊同劉先生的構想，認為此套叢書（預計百冊以上）如能順利完成，當是學術文化出版事業的一大創舉與突破，也就當場答應劉先生的誠懇邀請，共同擔任叢書主編。兩人私下也為叢書的計畫討論多次，擬定了「撰稿細則」，以求各書可循的統一規格，尤其在內容上特別要求各書必須包括（1）原哲學思想家的生平；（2）時代背景與社會環境；（3）思想傳承與改造；（4）思想特徵及其獨創性；（5）歷史地位；（6）對後世的影響（包括歷代對他的評價），以及（7）思想的現代意義。

　　作為叢書主編，我們都了解到，以目前極有限的財源、人力與時間，要去完成多達三、四百冊的大規模而齊全的叢書，根本是不可能的事。光就人力一點來說，少數教授學者由於個人的某些困難（如筆債太多之類），不克參加；因此我們曾對較有餘力的簽約作者，暗示過繼續邀請他們多撰一兩本書的可能性。遺憾的是，此刻在政治上整個中國仍然處於「一分為二」的艱苦狀態，加上馬列教

條的種種限制，我們不可能邀請大陸學者參與撰寫工作。不過到目前為止，我們已經獲得八十位以上海內外的學者精英全力支持，包括臺灣、香港、新加坡、澳洲、美國、西德與加拿大七個地區；難得的是，更包括了日本與大韓民國好多位名流學者加入叢書作者的陣容，增加不少叢書的國際光彩。韓國的國際退溪學會也在定期月刊《退溪學界消息》鄭重推薦叢書兩次，我們藉此機會表示謝意。

　　原則上，本叢書應該包括古今中外所有著名的哲學思想家，但是除了財源問題之外也有人才不足的實際困難。就西方哲學來說，一大半作者的專長與興趣都集中在現代哲學部門，反映著我們在近代哲學的專門人才不太充足。再就東方哲學而言，印度哲學部門很難找到適當的專家與作者；至於貫穿整個亞洲思想文化的佛教部門，在中、韓兩國的佛教思想家方面雖有十位左右的作者參加，日本佛教與印度佛教方面卻仍近乎空白。人才與作者最多的是在儒家思想家這個部門，包括中、韓、日三國的儒學發展在內，最能令人滿意。總之，我們尋找叢書作者所遭遇到的這些困難，對於我們有一學術研究的重要啟示（或不如說是警號）：我們在印度思想、日本佛教以及西方哲學方面至今仍無高度的研究成果，我們必須早日設法彌補這些方面的人才缺失，以便提高我們的學術水平。相比之下，鄰邦日本一百多年來已造就了東西方哲學幾乎每一部門的專家學者，足資借鏡，有待我們迎頭趕上。

　　以儒、道、佛三家為主的中國哲學，可以說是傳統中國思想與文化的本有根基，有待我們經過一番批判的繼承與創造的發展，重新提高它在世界哲學應有的地位。為了解決此一時代課題，我們實有必要重新比較中國哲學與（包括西方與日、韓、印等東方國家在內的）外國哲學的優劣長短，從中設法開闢一條合乎未來中國所需

求的哲學理路。我們衷心盼望，本叢書將有助於讀者對此時代課題的深切關注與反思，且有助於中外哲學之間更進一步的交流與會通。

最後，我們應該強調，中國目前雖仍處於「一分為二」的政治局面，但是海峽兩岸的每一知識分子都應具有「文化中國」的共識共認，為了祖國傳統思想與文化的繼往開來承擔一分責任，這也是我們主編「世界哲學家叢書」的一大旨趣。

傅偉勳　韋政通

一九八六年五月四日

自　序

　　一九八九年，是中國大陸的多事之秋。我攜帶著一篇〈中國知識分子的沈淪與再造〉的論文參加了由中國文化書院、香港中文大學、香港大學合辦的「紀念五四運動七十週年」研討會。會場安排在北京香山腳下的臥佛寺。雖說是寺，卻無撞鐘敲鼓焚香的和尚，只有那座巨大的臥佛半睜半閉著雙眼，用慈祥且略帶憂傷的目光注視著忙忙碌碌、無法安寧的芸芸眾生。

　　會開得頗為拘謹，因為五月的北京，正是人聲鼎沸、群情激昂之時，雖說大家在京郊開會，卻也按捺不住怦然的心動。中國之大，似已無法安下一場安靜的討論會矣。

　　一天清晨，我在薄霧中散步，走近放生池，瞧著池內綠得慘人的水默默無語。這時，一位精神鑠鑠的先生迎面走來，我轉過身便與之並肩了。我問先生之名，答曰：韋政通。我心中一喜，來開會之前，我到哲學系資料室借了一本書，名叫《中國的智慧》，正是韋先生所著，它在旅途中、會場外給了我許多啟迪。這真是他鄉遇知音，給我稍稍沈重的心情撥開了許多陰影。

　　先生問我，還看過他的什麼著作？我說：「您寫的《中國哲學辭典》是我案頭的必備書。」先生有些詫異：「在別處亦有人告知在讀我的《中國哲學辭典》。為何大陸學者喜歡看我的辭典，而對我許多學術專著興趣不大呢？」我說：「不是這樣，您的書在大陸似乎僅見這二本，其它的還看不到。非不喜也，是不能也。」話題轉到我

目前的工作上。我告訴先生：「我正在撰寫《中國人生哲學史》，從先秦諸子一直寫到孫中山的人生哲學思想，不知海外有無系統的有關中國人生哲學史的書?」先生略略沈思，答曰：「好像斷代的有，通史性質的還沒有。」先生勉勵我一定要將此書寫好。

　　東方漸漸泛紅，充溢著滿溝滿壑的霧氣漸漸消散，早餐的時間到了，我和先生就此分手。第二天，我無法穩坐臥佛寺，平心靜氣地討論中國知識分子的命運，早早地提著行李，搭車去城裡了。行前沒有找到章先生，未及辭行，至今每每思及此，心中便隱隱不安，期望先生不怪我。

　　一九九一年，我託人輾轉反復，終於將我的新著《中國人生理論史鑒》送到了遠在海峽對岸的章政通先生手中，不久就收到了先生熱情洋溢的回信。後來我將自己寫的《傳統——現代人的兩刃劍》、《中華民族精神之源》二書寄去，先生亦一一回信，嘉許頗多。尤其是，我將手稿《中國死亡智慧》寄給先生，先生除大力舉薦外，又破例寫序，使此書在東大圖書公司順利出版。章先生還將他的十餘部專著寄給我，使我獲益終身。

　　這幾年，我與章先生頻頻通信，論及許多學理問題，更多的是先生對我各方面的教誨和指點，雖然不能親耳聆聽先生之言，但我心中早已將自己視為先生的私淑弟子矣。每日我盡心盡力，鑽研不輟，想法很多，其中之一是恐辱及先生門墻，敢不努力乎！

　　一九九三年七月我收到章先生十二日寫來的信，告知他與傅偉勳教授正主編「世界哲學家叢書」，囑我寫一本《楊簡》。信中說：「楊簡作品不多，但要全面地寫，應將南宋前的心學傳統整理出來，為其定位；然後再與其師象山的思想比較其異同，加上本身的思想與象山派在其後的影響，這樣便相當可觀。」我回信表示很願意承

擔此書的撰著工作，不久我收到了韋先生七月三十日夜寫的復函，先生說：「要為楊氏心學在思想史上定位，並評斷其得失，不可避免要涉及孟子、北宋與象山的心學，尤須注意其與禪宗的關係。我有一不成熟的看法，禪宗修養功夫是為了宗教的解脫，非為道德實踐。宋明心學受其影響，使其學走上絕路。這個想法在《中國思想史》中並未提及，供參考。」先生寥寥數語，已使我輩獲益匪淺了。這一年半的時間，我與我的同事李承貴先生刻苦鑽研慈湖的書、心學的書及儒學的書，至今天總算完成了《楊簡》一書的撰寫，望不辱及師命，亦不負讀者求知之心。

本書首列「心學述要」，試圖在進入承續心學大統的楊簡思想的論述之前，談一談我們對心學概念的釐定，探討一下心學興起的學理使命，及回答一下心學何以興盛於宋明的原因。我們認為，「心學」乃是緣於古典儒學困境而尋找出路的一種儒學的自我革新思潮，它體現為以《易》、《論語》、《孟子》、《大學》、《中庸》等經典的基本觀念為基石，尤其是以孟子性善觀念為摹本，創造性地提出明心見性為成聖途徑的學問追求。代表人物有陸象山、楊慈湖、陳白沙、湛若水、王陽明等。因此，心學並非越離古典儒學的軌道，它實在是一種為古典儒學之振興而開闢的新的發展之路，從這一意義上講，心學與理學有共通之處；但在復興古典儒學的途徑、成聖成賢的方法上，心學與理學之間又存在較大差異，由此而論，心學有其自身的獨特品性。慈湖的學說正是心學基本命題的一種積極探索與解答，他也許採取了某些極端的形式與方法，但確實給心學課題的解決提示了諸多有價值的答案。

本書次列「慈湖生平、師承、著述」，簡略地討論慈湖的仕歷、學歷、師承和著述。慈湖仕歷有諸多可觀政績，但其歷史地位的確

立顯然主要得益於其學術貢獻。他對儒家經典的心學闡釋不僅使其成為陸門弟子中著述最豐者，並由此而確立了其在中國哲學，特別是宋明心學中的突出地位。

本書再列「慈湖之『一』論」，認為慈湖學術之根本在試圖一統天下之「道」。其「一」論要解決的是世界之本質、宇宙之本源的性質問題，他從「萬象」歸「一」入手，論證了「萬理」歸「一」，再進而闡述生命歸「一」。我們認為，慈湖用心良苦地樹立「一」之觀念，是使芸芸眾生在任何時候、任何地方，都能感受與本體之「一」同在，從而堅定地踐履由此「一」派生出的各種準則。

本書第四章討論「慈湖之『心』論」，這是慈湖之學的核心。慈湖先生以「心」既為天地間主宰，又是人本有之善性，同時還具有洞悉宇宙、「萬象畢見」之功能。其「心」論的目的，要在教導世人體悟自我本有之「心」的超時空性和自尊自足之完善性，從而達至靜寂湛然、無念無意無動之境界，思慮行為自然合符大道，合符萬古不滅之聖賢真傳。

本書第五章討論了「慈湖之『知』論」。慈湖認為所謂「知」並非對外物的知識性分析和獲取，而是「求放心」而已；所以，學問之方就非孜孜以求地觀察外物、剖析外物，而是「明心」，做到「吾心自瑩」。這樣，慈湖便把世人向外的求知活動轉換成了向內的精神境界修養論，試圖使人們達到靈肉的合一、「心」「物」的合一和「道」與「德」的合一，這被慈湖視為「知」之最高目的。

本書第六章分析了「慈湖的『禮』論」。慈湖論「禮」，重在尋覓「禮」之本，而且把「德」合一於「禮」，闡明了各類德目的統貫性，討論了人們如何才能依「禮」而行的問題。慈湖「禮」論的目的是試圖把具有某種外在強制性之「禮」與主要求之於人內在自覺

的「德」合二為一，借助於後者消彌前者的強制性，使「禮」與人之「心」、「性」合，促人從被動型地循「禮」轉變為主動自覺地遵「禮」，消解人們循「禮」過程中的任何不適感，達到其樂融融、從容中道的境界。

本書第七章論述的是「慈湖的『人』論」。我們認為，中國傳統儒學之根本精神，要在使「人」成其為「人」。慈湖先生的「人」論即沿著此大傳統而行進，但他不僅注意人何以為人的問題，更重視人怎樣才能成為人的問題。他推崇的「成人」之路為：「愚」與「不肖」之人要孜孜以求自明「本心」，使人內在之善性被體認和顯露無遺。此時人遵規蹈矩，合於「仁、義、禮、智、信」地去思去行，這就進至「君子」與「賢者」之境界了。「君子」與「賢者」心中所思，口中所言，行為中所做一般都合符禮、義的要求，但不純熟、不自然，有時甚至有滯礙和違禮的舉動。這時人們必須堅持「一」論和「心」論，通過「知」論來體認天地萬物之「道」與吾「心性」一體，人踐履本「心」之善即是循天地之真，從而激發循「禮」遵「德」的高度自覺性，並「時習之」，不懈地努力，最終把外在之「禮」內化成自我之「德」，化強制性為自覺性，消不適感為融融之樂，從思之緊張和行之小心翼翼到「從心所欲」，瀟灑自如，毫無勉強和做作。於是人們完成了從「生理人」到「心理人」、從「個體人」到「社會人」、從「自私人」到「大公人」的全過程，在生存與生活的境界上亦由「愚與不肖」而「君子」「賢者」而「聖人」。可見，慈湖之學就是「成人」之道，其構築的「心學」體系無一不是為其「成人」之道服務的。

本書第八章討論的是「慈湖之『治』論」。慈湖將其「心學」理論運用於政治領域，把傳統儒學的「德政」、「仁政」更換成「心

政」，並提出諸如「擇賢久任」、「罷科舉而行鄉舉里選」、「罷設法去導淫」、「募兵屯田以省養兵之費」、「限民田以漸復井田」等等頗具建設性的政論，並在實際的政治操作中，有頗為可觀的政績表現。

本書第九章闡述了「慈湖之『教』論」。慈湖以「心學」統貫教育的理論與實踐，認為教育僅為開淪人心，啟人心所固有之善，故而「日用庸常是謂教」。在教育方法上，慈湖提出了「一貫之教」、「身教重於言教」等原則，並形成了「昇華自我」、「依自不依他」、「教學相長」等獨特的教學風格。慈湖先生還身體力行，廣收弟子，教化人心，樹一代宗師之貌。這些在本書第十章「慈湖後學」中亦可窺一斑。

本書最後一章論述了「慈湖心學在中國思想史上之價值」。我們認為，在學理上慈湖一掃歷代儒生解經之支離，以心性論釋儒經，實開一學術新氣象；慈湖「一道德」的努力，更是使人們從注重「道」與「德」的關係及德目的繁富雜多，轉而關注道德的精神，是為孔孟儒學宗旨的彰顯；慈湖在人性論上提出「意」來解決人性本善而現實中又有如此之多惡人惡事的矛盾，其刻意推崇的「毋意」之去惡就善之法，亦是對儒學發展的重大貢獻。至於慈湖之學與禪學的關係，是認識慈湖思想學理價值的重要問題。我們認為，慈湖之學無疑吸納了許多禪宗的方法和思想資源，但因此而指其為「禪」則有失偏頗，這是朱子及後學對陸學及慈湖的黨同伐異之見。相反，是否可以這樣認為：心學在借助佛禪智慧以明儒學之真精神方面，做得比朱子及其弟子更為出色？無論如何，我們都堅持認為慈湖之學也是儒學真精神的發展而非歧出。

慈湖學說在現代社會的價值是本書關心的另一課題。本書在撰著過程中，我們一堅持從原典出發，由慈湖所著之書而引出、明辯、

梳理其基本思想；其次，堅持從中國思想史、中國哲學史的原貌對待慈湖思想，也就是說盡量使用中國思想家所運用之概念、範疇和命題，展示中國思想家獨特的創造性，而避免生硬地、不恰當地使用西方近代或現代理論去剖析中國傳統思想，否則，我們認為很可能引出和述敘的已非中國傳統思想。但是我們的工作亦非純粹的考據式的探討，相反，我們力圖在客觀、真實地展示慈湖思想之後，立足於當代社會的發展，揭示慈湖之學的現代價值。我們認為，慈湖之學在消解科學主義、經濟主義極端發展之後所帶來的弊端方面有其獨特的價值。

　　這本書是我與我的同事李承貴先生通力合作的結果，本人撰寫了「自序」、第三章、第四章、第五章、第六章、第七章和「後記」。李先生治學嚴謹、勤奮，鑽研既深，故常有所獲，他撰著了第一章、第二章、第八章、第九章、第十章、第十一章。全書由本人確定提綱，統改全書。李先生除寫了一些重要章節之外，還承擔了本書「楊簡年表」等大量的技術性工作，在此深表謝意。

鄭曉江

1995年5月

序於南昌青山湖畔「神游齋」

楊　簡

目　次

第七章　慈湖之「人」論

第八章　慈湖之「治」論

第九章　慈湖之「教」論

第十章　慈湖後學

第十一章　結論：慈湖心學在中國思想史上之價值

第一章　心學述要

掌握慈湖之學，先需知曉心學。何謂心學？心學興盛於宋明的根據在哪裡？心學興起又是基於一種什麼樣的學理使命？本章將由史的依據、邏輯的方法對這些問題加以探索，力圖求解一種於人們心中具有普適性又不背離心學內在特徵的心學觀念。

一、心學緣起

心學並非越離古典儒學軌道而另起爐竈的「異端」，恰恰相反，它是一種為古典儒學之振興而開闢新的發展途徑的嘗試，從這個意義講，它與理學具有共同的根源；但在復興古典儒學的途徑、成聖成賢的方法上，心學與理學之間又存有較大的差異，由這個角度看，心學之產生應有自身的獨稟。

（一）尚文風氣

有宋的建立是以武力為前提的；但江山得來之後，社會的穩定、經濟建設便成為國家管理者的主要使命。在「仁以守之」傳統訓誡教導下，中國歷朝建立之後，便是興教化尚文德，與民休息。大宋也不例外。大宋在倡導文化教育、提高文人地位等方面做了種種努力，其中有代表性的事有三件：

1. 時君對文化教育的提倡：

太祖、真宗、仁宗都是重視文化的名君，如有記載：

> 藝祖（宋太祖）革命，首用文吏，而奪武臣之權，宋之尚文，
> 端本於此。太宗、真宗其在藩已有好學之名，及其在位，彌
> 文日增。自時厥後，子孫相承，上之為人君者，無不典學，
> 下之為人臣者，自宰相以至令錄，無不擢科，海內文人，彬
> 彬輩出焉。❶

2. 國家的尚文政策：

如開寶七年（公元974年）春二月，宋太祖「詔《詩》、《書》、《易》三經學究，依三經、三傳資敘人官。」❷至道三年（公元997年），宋真宗親訪孔子嫡孫，以孔子四十五世孫孔延世為曲阜縣令，這是表達帝王崇尚學問的典型。雍熙年間（公元984年），太宗詔求天下遺書。由於君王的榜樣與重視，由於國家政策的提倡，宋初文風倡盛，古籍多出，先後有《太平御覽》一千卷，《太平廣記》五百卷、《文苑英華》一千卷以及《周禮》、《儀禮》、《孝經》、《論語》等古籍相以聞世。

3. 學校的興辦：

與尚文精神相一致，興辦學校是順理成章的。北宋先後三次提出興學，即范仲淹的慶曆興學、王安石的元豐興學和徽宗時的蔡京興學。仁宗慶曆四年詔全國州縣立學，興辦學校在全國蔚然成風，並澤及後世。

---

❶　《宋史·文苑傳序》
❷　《宋史·太宗本紀》

（二）書院的設置

書院設置是國家尚文興學氛圍的必然產物，而從學校的承續性看，它是漢代「精舍」、唐代「學館」基礎上發展起來的。北宋時期，書院已成蔚為壯觀之氣象，全祖望（謝山，公元1705－1755年）的描述可讓我們窺其一斑：

> 有宋真、仁二宗之際，儒林之草昧也。當時濂洛之徒，方萌芽而未出，而睢陽戚氏在宋，泰山孫氏在齊，安定胡氏在吳，相與講明正學，自拔於塵俗之中。亦會在值賢者在朝，安陽韓忠獻公、高平范文正，樂安歐陽文忠公，皆卓然有見於道之大概。左提右挈，於是學校遍於四方，師儒之道以立。❸

書院還制定了特殊的規章制度，其要求之嚴、目標之高，人們了解之後，便不會奇怪北宋出現那麼多儒學大師。朱熹的學生董銖（叔重，公元1152－？ 年）、程瑞蒙（正思，公元1143－1191年）所規定的學規是：

> 凡於此學者，必嚴朔望之儀，謹辰昏之令。居處必恭，步立必正，視聽必端，言語必謹，容貌必莊，衣冠必整，飲食必節，出入必省。讀書必專一，寫字必楷敬，堂堂必潔淨，相呼必以齒，接見先必有定。修業於余功，游藝有適性。❹

---

❸ 《通志》卷五九，〈選舉略〉
❹ 《程董二先生學則》

　　這完全是按聖人的要求教育學生。宋代書院之所以能促進學術發展，不僅因為其有嚴格的規章制度，更因為它貫徹了一些基本的適合學術發展、人才培養的原則精神：

1.教學與科研相結合，書院一般是當地的學術中心，而教材都成為重要的學術著作。

2.注重不同學派之間的學術交流。

3.重視獎掖後進。

4.經史兼讀，強調創新，鼓勵獨立思考，注重學行結合，提倡師生答辯。

　　顯然，這些原則精神為學術發展提供了非常寬鬆的氣氛。至南宋，書院仍是興盛不衰，計有五十餘所，朱熹、陸九淵、呂祖謙（伯恭，公元1137－1181年）、楊簡（敬仲，公元1141－1226年）、真德秀（景元，公元1178－1235年）等都是著名的書院主持人。

（三）學理動力

　　如果說倡文風氣、興辦書院是心學興起的外在際遇，那麼來自學理上改造的要求，則是心學興起的內在動力。按照孫再生先生的解釋，心學在先秦已見端倪。他舉例說，《易・繫辭》謂「心，氣之君也。」孟子、荀子更是對心進行了一番研究，孟子提出盡心知性知天、四心（惻隱之心、羞惡之心、辭讓之心、是非之心）及養心（養心莫善於寡欲）的理論，荀子則在心身關係、心知的條件等方面獨有建樹，所謂「心者，形之君而神明之主也。」所謂「人何以知道？曰心；心何以知，曰虛一而靜。」孫再生因此斷言，心學雖以「人心惟危，道心惟微」為其本，卻以孟荀開端。❺

❺　《宋明理學思想與基督真理》，弘智出版社1984年版

　　盡管先秦儒學已現心學端倪，但並沒有沿著心學的路向發展。尤其是經由董仲舒的改造，先秦儒學變得膚淺、粗糙、呆板，以致出現了魏晉時代否定儒學的傾向，所謂「越名教而任自然」。至隋唐，由於佛教、道教的挑戰，先秦儒學的內在困限漸趨顯露。這種困限主要表現在兩個方面：形而上思辯體系的缺乏，這就是為什麼周敦頤首倡「無極而太極」論；心性理論與現實人性之矛盾，這就是王陽明指出的「自孟氏而後，精一之學亡」。

　　來自儒學內部的困限，要求儒學後繼者開拓創新；而來自儒學外部的挑戰，則加強了開拓創新的緊迫性。這種外部挑戰主要來自佛教、道教，道教、佛教對儒學的影響自漢已經開始，道教的影響甚至更早；經魏晉、隋唐，道教、佛教廣為盛行。特別是唐代，佛教、道教得到官方支持，擁有廣泛的群眾基礎，佛教是「膏腴美業，倍取其多，水碾莊園，數亦非少。逃丁避稅，並集法門」，❻道教經典著作如《老子》、《莊子》、《文子》、《列子》等被定為教科書，並作為準明經例考核內容。在一些文人看來，佛教、道教的盛行，對國家生產是不利的，也有悖於儒家學說，因而主張排佛、道。韓愈指出「老子所謂道德云者，去仁與義之言也」❼而佛教更是「必棄而君臣，去而父子，禁而相生養之道，以求其所謂清淨寂滅者。」❽至宋代，佛教、道教更是如火遇風，發展盛旺，並且由於佛教、道教自身的理論特色而向儒學全方位滲透。帝王經常參拜佛寺；出版佛教、道教經典，中國佛教史上第一部官刻的大藏經《開寶藏》出於這個時期；道教經典被編為《寶文統錄》和《大宋開宮寶藏》，一

❻　《舊唐書·狄仁傑本傳》

❼　《原道》

❽　《原道》

些文人對佛教的虔誠，對佛、道的興盛起到了推波助瀾的作用。如蘇軾（子瞻，公元1037-1101年）父子三人都是佛門信徒，蘇軾甚至認為，道佛二教，並非邪惡，「雖我先師，不異是說，質之孔孟，蓋有成言。」❾但更多的學人依然是對佛教、道教之盛行而引起的儒學危機而擔憂，對佛、道的批評是不可避免的，孫復（明復，公元992-1057年）批評說：「佛老之徒，橫於中國，彼以死生禍福、虛無報應之事，千萬其端，給我生民，棄禮樂以塗塞天下之耳目。」❿不過，佛、道與儒學的關係似乎不是用批評可以解決得了的，需要研究佛、道、儒，並重新調整它們的關係。周敦頤（茂叔，公元1017-1073年）、張載（子厚，公元1020-1077年）、程顥（伯淳，公元1032-1085年）、程頤（正叔，公元1033-1107年）、楊時（龜山，公元1053-1135年）、謝良佐（上蔡，公元1050-1103年）等正是為解決這一課題而崛起的一代新儒家，他們高舉「為往聖繼絕學」的旗幟，拋棄了那種視佛、道如冠仇的態度，站在儒家的立場上，積極主動地吸收佛教、道教中有益於古典儒學走出困限的因素。這就是後人稱做的「儒學的自覺革新」。佛教、道教的挑戰成為推動儒學革新的主要動力，用杜維明先生的話說就是，「宋明理學是來自禪學和道教挑戰的精神上的回應」。⓫

（四）懷疑精神的滋長

　　心學的興起並能為古典儒學開闢新路，與宋初以來懷疑精神的滋長也有著密切關係。這種懷疑精神的萌起首先歸功於帝王的倡導。

---

❾　《蘇東坡後集》卷一九

❿　《宋元學案·泰山學案》

⓫　《人性與自我修養》，中國和平出版社1988年版

宋仁宗說：「儒者通天、地、人之理，明古今治亂之源，可謂博矣。然學者不得騁其說，而有司務先聲病章句以拘牽記，則吾豪俊奇偉之士，何以奮焉?」⑫帝王號召儒生不要拘泥於經書，這在中國古代思想史上是僅見的。詩人陸游（務觀，公元1125－1210年）對當時疑古情緒是這樣描述的：「唐及國初，學者不敢議論孔安國、鄭康成。自慶曆後，諸儒發明經旨，非前人所及。然排《繫辭》、毀《周禮》、疑《孟子》、譏《尚書》之〈胤征〉，〈顧命〉，黜詩之序，不唯乎論經，況傳注乎?」⑬這種懷疑批判精神體現在思想家身上便是強調釋經過程中自我意識的貫注和對經書的超越。如二程認為「思索經義，不能於簡策上脫然有獨見，資之何由深? 居之何由安? 非特誤己，亦且誤人也。」⑭張載說：「學貴心悟，守舊無功。」⑮在心學大師身上，懷疑精神則可謂貫穿他們學術思想的始終。陸九淵說：「小疑則小進，大疑則大進。」⑯提出著名的「六經皆我注腳」治學宗旨。王陽明將這種懷疑批判精神轉換為以「心」為出發點審視一切的原則──「六經者，吾心之記籍也，而六經之實，則其於我心。」⑰「求之心而非也，雖言出於孔子，不敢以為是也，……，求之於心而是也，雖言出於庸常，未敢以為非也。」⑱毫無疑問，沒有這種疑古精神氛圍，以突破經學樊籬為主要特徵之一的宋代「義理之學」之產生是難以想像的。

---

⑫ 《中國思想史》，西北大學出版社1989年版

⑬ 王應麟《困學紀聞》卷八，〈經學〉

⑭ 《河南程氏粹言》

⑮ 《經學理窟・義理》

⑯ 《象山先生全集》卷三六

⑰ 〈稽山書院尊任閣記〉

⑱ 《傳習錄》中

二、心學定義

人們通常接受的心學概念是：心學是宋明道學中的一個分支，以陸象山、王陽明為代表。這種界定似乎沒有告訴我們究竟什麼是心學，因而它是模糊的。因此，由學術角度正心學之名，既是一種緊迫而崇高的責任，又是一件很有意義的工作。

（一）心學家的自我確證

陳獻章（白沙，公元1428－1500年）是一位較早對心學作規定的思想家。他說：「為學者當求諸於心，必得所謂虛明靜一者為之言。錄古人緊要之文字讀之，庶能有所契合，不為影響所附，以陷於物外自欺之弊，此心學之法也。」❶白沙這段話概述了心學的兩層意義：選擇精品佳作並得其要領乃心學處理古聖教言的方法；而萬事求於心，虛明靜一，不為外物所累，則是心學修身養性之法門。湛若水（甘泉，公元1466－1560年）也曾對心學小示蘊含。他說：「大聖人之學，心學也。故經義所以明其心，治事所以明其心之達諸事者也。體用一原也，而可以貳乎哉？」❷雖然陸象山與朱熹（元晦，公元1130－1200年）爭論誰是正統儒學承繼者費了不少口舌，但將心學視為聖學仍是後繼有人，並進一步闡明心學的「心本」特徵。在心學集大成者王陽明那裡，面對其對心學的創造性建構，我們對心學的理解將被提升到一個新層次。王陽明說：

---

❶　《白沙子全書》卷二，〈書自題大唐書討後〉

❷　《湛甘泉先生文集》卷一八，〈泰州胡安定先生祠堂記〉

聖人之學，心學也。堯舜禹之相授者，曰：人心惟危，道心
惟微，惟精惟一，允執厥中。此心學之源也。中也者，道心
之謂也，道心精一之謂仁，所謂中也。孔孟之學，惟務求仁，
蓋精一之傳也。……自是而後，析心與理為二，而精一之學
亡。……至宋周程二子，始復追尋孔孟之宗，而有無極而太
極，定之以中義正達，而主靜之源，動亦定，靜亦定，無內
外，無將迎之論，庶幾精一之旨矣。自是而後，有象山陸氏，
雖其純粹和平，若不逮於二子，而簡易直載，直有以接孟氏
之傳。其論開闔時有異者，乃其氣質意見之殊。而其心必求
諸心，則一而已。故吾斷陸氏之學，孟子之學也。㉑

　　如果說陳白沙、湛甘泉對心學的界定還欠全面的話，那麼陽明
的論述該是較完備、較系統了。因為它規定了心學之源——《尚書》
中「人心惟危，道心惟微，惟精惟一，允執厥中」；確定了心學系
統——孟子發其微，此後而亡，經由周程二子接引，至象山而重標
其幟；概述了心學特徵，即簡易直載，內求於心，精一主靜；揭示
了心學使命，即整合孟氏以降的心、理為二之陋學，重振精一之學；
甚至暗示了陸象山心學與周程二子之學可能存在的差別。

　　綜合心學家們的自我確證，我們能否獲得有關心學的這樣一種
概念：心學乃是一種有淵源、有方法、有體系、有目標的由心學家
們「自得」的學問方法和一種復興古典儒學的思潮。

（二）對否定心學意見的辯解

㉑　《象山先生全集》序

心學大師們的自我確證，並不能確保心學作為一個與理學並存學派之說不被否認。否定心學作為獨立學說或學派的意見概括起來有三種：

第一種意見認為自黃宗羲（太沖，公元1610－1695年）《宋元學案》始，就不再稱陸學為心學，而是將朱陸二學並稱聖學。

第二種意見認為，心學與理學學術研究內容上具有一致性，即心學言理，理學言心。

第三種意見則認為心學、理學劃分有害於學術的進步與發展。

經由我們的考察分析，這三種意見都不能成為否定心學作為一個學派而存在的可靠依據。首先，《宋元學案》本身確實不稱陸學為心學，而將朱陸之學並稱聖學，這只能反映朱陸以後學界對朱學陸學融合的心願，這種心願到了元代，便轉換為融合朱陸的學術氣象。❷作為學術史總結之作的《宋元學案》，表述這種立場也是可以理解的。而融合朱陸之學術氣象的出現和黃宗羲等學人理心一體的心願，恰恰表明心學、理學確實存在差異，因而所謂《宋元學案》朱學陸學並稱聖學、元代出現融合朱陸學術氣象的思潮當然不能成為否認心學作為與理學並存學派的依據，而是相反。其次，理學家也言心，心學家也言理，這也是事實，但理學、心學對理、心主從、內外關係，對心、理的道德修養功能，對心、理在學術思想中的位置等都存在較大、有時甚至是完全相左的意見。這些問題在朱陸爭論中都已有所表現，而這正是理學、心學各為學派的客觀基礎。❸其三，言心學、理學之劃分，有害於學術之進步，更是一種粗陋之見。因為：

---

❷ 《宋元學案》，〈靜清學案〉，〈師山學案〉，〈草廬學案〉

❸ 參閱本章第三節

第一，心學、理學之差異本是儒生自我革新古典儒學之產物，它們以不同方向尋找再現古典儒學生命力的路子，乃是非常正常之舉。

第二，對心學、理學大師而言，互相水火是談不上的，我們從很多記載中可以發現，朱熹、陸九淵的私人感情並不壞；之所以水火，乃是大師們淺薄弟子所為，我們不能因瑕掩碧。

第三，中國、外國思想史均有據可尋，學派孤者，乃學術枯萎發黃之時；學派多者，乃學術繁榮昌盛之日。

以上即是我們站在心學作為獨立學派之立場對否定心學作為學派存在價值論調的答覆。最後，我們引用杜維明先生一句話來表明心學作為一種學說、學派存在的價值——「朱陸分歧與衝突被思想史專家們認為是宋明理學發展中最重要的里程碑之一，是宋代學問分為朱熹理學與陸象山心學的基礎，即使這樣的分類過於簡單而又容易引起誤解，我們也不能否認這個思想衝突所包含問題具有多方面深遠意義。」❷❹

（三）現代學人對心學定義的界定

現代學人正是基於心學、理學劃分的積極意義，來研究並界定心學的。馮友蘭（公元1895－1990年）是現代學人中堅守心學、理學劃分的主要代表。馮友蘭認為，心學與理學最本質的差別就在於一個言「心即理」，一個言「性即理」，由此心學所見的實在，只有一個世界，這個世界與心為一體；並認為心學始於程顥，至象山、慈湖而得到相當的發展，至陽明得到完全的發展。❷❺著名學者韋政

---

❷❹　《人性與自我修養》，中國和平出版社1988年版

❷❺　《三松堂學術文集》，北京大學出版社1984年版

通先生對心學進行過更為明晰的概括:「心學是以心為基本觀念而建立起來的一套思想。此學肇端於孟子,經由禪學的影響,大興於宋明,以陸象山、王陽明為代表。並指出心學有四大特色: 1.以心為宇宙本體; 2.以心為一身主宰; 3.眾理眾德皆攝歸於心; 4.聖賢工夫當求諸心。」❷ 與心學家自我確證比較,馮友蘭、韋政通的看法有了較大進展,這種進展主要體現在以下幾點:重新肯定中國學術史中一種客觀現象,即心學、理學之差別;對心學、理學根本性差別以及一些屬性差別作了較細緻、深刻的研究;對心學的學統性作了比王陽明更為完整的表述。所有這些都成為我們探討心學定義的重要參考。

　　如上所述,心學使命是重振「精一」之學,而這種使命感來自古典儒學所際遇之困境,因而我們可以說,心學確是以復興古典儒學為己任。心學復興古典儒學的方法,主要承接了孟子的思路,它由主體內在自覺所證悟之本心作為宇宙萬物之本體──「宇宙便是吾心,吾心即是宇宙」; ❷ 「天地,我之天地;變化,我之變化……天者,我性中之象,地者,我性中之形。」❷ 「心者,天下萬物之主也。」❷ 也由主體內在體驗證悟之本心為至善──「此心之靈,此理之明,豈由外鑠哉?」❸ 「人心之靈乎,至神至明,至剛至健,至廣至大,至中至正,至純至粹至精,而不假外求也。」❸ 「性無不善,

❷　《中國哲學大辭典》,大林出版社1980年版

❷　《象山全集》,《象山年譜》

❷　《慈湖先生遺書》卷七,〈己易〉(以下出自《慈湖先生遺書》者,只注篇名)

❷　《王文成公全書》卷六

❸　《象山全集》卷七

❸　〈泛論學〉

則心之本體無不正也。」❸並由此提出心學的切己自反，發明本心之成聖道路。因而它又是一種對古典儒學的創造性復興。這樣，我們所得心學定義可否這樣表述：心學是緣於古典儒學困境而為古典儒學尋找出路的一種儒家學者自我革新之思潮，這種思潮具體體現為以《易》、《論語》、《大學》、《中庸》的基本觀念為基石，尤其是以孟子性善觀念為摹本，創造性提出明心見性為成聖途徑的學問追求。代表人物有陸象山、楊慈湖、陳白沙、湛若水、王陽明等。

三、心學理學之異及心學主要課題

　　探討心學的主要課題應以心學、理學之差異為基礎，而且我們不打算將心學的課題概括成「古代中國哲學的課題」。所以，我們將對心學、理學進行一些具體而特殊的比較以引出我們的結論。以往談心學、理學之異，似乎僅在以下幾個層面展開：(1)談朱陸之異多，談心學理學之異少；(2)談外在的異（如無極、太極之爭；道問學、尊德性之爭）多，談內在的異（如心學、理學對於人性之觀念）少；(3)談以往已談之異多，談自己獨立思考之異少。因此，引出心學的主要課題，我們既要以過去的討論為基礎，更要超越經驗的樊籬。如是，我們把握心學、理學之差異將從以下四方面著手：

1.心學家、理學家對《尚書》「人心惟危，道心惟微，惟精惟一，允執厥中」十六字之理解。

2.心學家、理學家對孟子人性論之態度。

3.心學家、理學家對彼此學術之批評。

4.心學家、理學家在人性結構方面之創慧。

---

❸　〈大學問〉

（一）關於「人心惟危，道心惟微，惟精惟一，允執厥中」之理解

　　理學家認為，人心惟危，是因為心可能主於形氣之私，而兼有了私欲的心是躁動難安的，因此說它「危」；道心惟微，是因為心本質上至於義理之公，而兼有了公理的心是昧深不明的，因此說它「微」。因此，必須在公私之間，人心道心之間慎重其事，此謂精；在這個基礎上，持守道心，此謂「一」。持之以恆，則可謂執「中道」了。但要做到這點，心處於至關重要的地位。程子謂「人心惟危，人欲也；道心惟微，天理也。」❸而朱熹說：

> 心者，人之知覺，主於身而應萬事也。指其主於形氣之私而言，則謂之人心，指其發於義理之公而言，則謂之道心。人心易動而難反，故危而不安；義理推明而易昧，故微而不顯，惟能省察於二者公私之間，以致其精，而不使之毫釐之雜，持守於道心微妙之體，以致其一，而不使其有傾之離，則其日用之間，思慮動作，自無過不及之差，而信能執其中矣。❹

　　人心為私欲，道心為天理，心學家對這種劃分不以為然。陸象山說：

> 天理人欲之言亦自不是至論。若天是理，人是欲，則是天人

---

❸　《二程遺書》卷一一
❹　《朱文公文集》卷六五

不同矣。……《書》云：「人心惟危」。解者易指人心為人欲，道心為理，此說非是。心，一也，人安有二心？自人而言，則曰惟危；自道而言，則曰惟微。罔念作狂，克念作聖，非危乎？無聲無臭，無形無體，非微乎？因言莊子云：「眇乎小哉！以屬諸人，謷乎大哉！獨游於天。」又曰：「天道之於人道也相遠矣。」是分明裂天人為二也。㉟

王陽明也提出了自己的看法，他說：

聖人之學，心學也。堯舜禹之相授，曰：人心惟危，道心惟微，惟精惟一，允執厥中。此心學之源也。中也者，道心之謂也，道心精一之謂仁，所謂中也。孔孟之學，惟務求仁，蓋精一之使也。……，自是而後，析心與理為二，而精一之學亡。㊱

又曰：

心，一也，未雜於人，謂之道心；雜以人偽，謂之人心。人心得此正者即道心，道心失其正者即人心，初非有二心也。……今曰「道心為主而人心聽命」，是二心也；天理人欲不並立，安有天為主，人欲又從而聽命者？㊲

㉟　《陸九淵集》卷三四
㊱　《象山先生全集》序
㊲　《傳習錄》上

在陸、王這裡，人心、道心不是對立的兩物，僅是描述心的兩種存在狀態；即由「心」之活動導致成聖作狂之結果看，是「人心」；由「心」之活動無聲無影無味之微妙看，是「道心」。道心精一專修即為中，其目標是仁；天理、人欲是不能同在的，人欲何以能以天理為主？

由以上分析可看到的心學、理學不同是：

1. 心在理學中是知覺能力，在心學中是倫理本能。
2. 道心、人心在理學中分屬天理、人欲，因而是對立的，在心學中則是統一的。
3. 因此，理學要求在道心、人心之間作出選擇，心學則認為養心盡性即可。

（二）對孟子人性論之態度

理學家、心學家主要代表人物都以承孟子正統自居。朱熹言「河南程氏兩夫子出，而有以接孟氏之傳。……，雖以熹不敏，亦幸私淑而與有聞焉。」[38]陸象山則言「竊不自揆，區區之學自謂孟子之後，至是而始一明也。」[39]但這似乎沒有影響他們對孟子學說的不同態度。朱熹認為，人性之善或天理或性的存在，是以天氣地質為前提的；因此論人性不僅要論其善，猶要論其不善。朱子因此責怪孟子論性之不備。他說：

> 性是理，然無那天氣地質，則此理沒有安頓處。孟子之論盡是說性善，至肴不善，說是陷溺。是說其初無不善，後來方

---

[38]　《朱文公文集》卷七六
[39]　《象山全集》卷一〇

有不善耳。若如此，即以論性不論氣，有些不備。即張氏說出氣質來接一接，便覺著有首有尾，一齊圓備了。**❹**

心學家對孟子態度與此完全相反。陸九淵說：

《孟子》曰：「所不慮而知者，其良知也；所不學而能者，良能也。」「此天之所我者。」「我固有之，非由外鑠也。」故曰：「萬物皆備於我矣；反身而誠，樂莫大焉。」此吾之本心也，所謂安宅、正路者，此也；所謂廣居、正位、大道者，此也。**❹**

王陽明更以直承孟子學說為基調，批評「異說」，立其「致良知」之教。他說：「夫外心以求物理，是以有暗而不達之處，此告子義外之說，孟子所以謂之不知義也。」**❹**「良知者，孟子所謂是非之心，人皆有之者也。是非之心，不待慮而知，不待學而能，是故謂之良知，是乃天命之性，吾心之本體，自然靈昭明覺者也。」**❹**
當然，心學家也指責過孟子的過錯，但這種指責方向與理學家完全相反，即不是認為孟子沒有說到惡，而是認為孟子存心養性之說有裂心、性為二之嫌。楊慈湖說：「性即心也，心即道也，道即聖，聖即睿，言其本謂之性，言其精神思慮謂之心，言其天下莫不由於是謂之道，皆是物也。……，孟子有存心養性之說，致學者多疑，

❹　《朱子語類》卷四

❹　《陸九淵集》卷一

❹　《傳習錄》中

❹　《大學問》

惑心與性之為二，此亦孟子之疵。」❹可見，心學家是直承孟子「性本善」的思路，並將本善之性確定為倫理本體，即象山言「吾之本心」，陽明言「吾心之本體」，楊慈湖言「皆是物也」。由理學、心學於孟子之不同態度，心學、理學差異表現為：

1. 理學所執著人性是善惡具存者，心學執著人性是全然為善者。
2. 理學執著於經驗事實之解性，心學執著於先驗存在以解性。
3. 故理學之承孟學為修正的方法，心學之承孟學為昇華的方法。

（三）心學家、理學家對彼此學術之批評

　　在感情上，理學大師與心學大師們是彼此尊重的；但對學問上的異趣，他們都表現出極強的「護道」責任感，對對方「缺失」都毫不客氣地指出來。朱熹說：

> 陸子靜之學，看他千病萬病，只在不知有氣稟之雜。他只說儒者斷了許多私欲，便是千事萬當，任意做出都不妨，不知氣稟有不好底夾在裡，一齊滾將去，……，只我胸中流出的是天理，全不著些功夫，看來這錯只在不知有氣稟之性。❺

　　又云：

> 子壽兄弟氣象甚好，其病即是盡廢講學，專務踐履，即於踐履之中，要人提撕省察，悟得本心，此為病之大者。❻

---

❹　《論書》

❺　《朱子語類》卷一二四

❻　《朱子文集》卷三一

　　也就是說，朱熹眼中的心學根本缺點，在於不知性有氣稟之雜，因而免去學問的工夫，專務踐履以悟出本心、天理。而這卻是心學家自以為得意者。陸九淵、王陽明認為，人性之善之所以不能保全，正在於學問過多，在於復性過程過於支離，因而他們又指責理學不得要領，離心與理為二。陸九淵說：「學者之病，隨其氣質千種萬態，何可勝窮，至於各能自知有用力之處，其致則一。」❹ 王陽明說：「晦庵謂『人所以為學者，心與理而已。心雖主乎一身，而實管乎天下之理，理雖散在萬物，而實不外乎一人之心』，是其一分一合之間，而未免已啟學者心理為二之弊，此後世所以專求本心遂物理之患，正由不知心即理耳。」❹ 由心學家、理學家相互批評中看到的差別是：

1.理學言性以「氣」論，心學言性以「理」論。

2.故理學重學問，要格物窮理，心學尊德性，求明心見性。

（四）理學、心學對人性結構之不同創慧

　　觀察心學、理學關於人性結構之論述，我們將對心學、理學之異有更深一層的悟解。朱子云：

　　「靈處只是心，不是性，性只是理。」❹

　　「性是未動，情是已動，心包未動已動，蓋心之未動為性，已動則為情，所謂心統性情也。」❺

---

❹　《陸九淵集・語錄》

❹　《傳習錄》中

❹　《朱子語類》卷五

❺　《朱子語類》卷五

「性才發便是情，情有善惡，性則全善。」❺

在理學中，性是理，是全善；情是性之發動，有善有惡；心是靈處，是知覺，性、情由心統率。也就是說，具有靈性的心，在理學中是一種知識方法，心依義理則為善，反是則為惡。所以，「心」必須時刻道問學，以提高遵循義理之自覺性。

人性結構在心學智慧中呈另一種樣態：

「四端者，人之心也，天之所以與我者，即此心也，人皆有是心，心皆具是理，心即理也。」❺

「今之學者讀書，只是解字，更不求血脈。且如性、情、心、才，都只是一般事物，言偶不同耳。」❺

「人心至靈至神，虛明無體，如日昭鑒，萬物畢照，故日用平常不假思為，靡不中節，是為大道。微動意焉，為非為僻，始失其性。」

「心之本體，本無不正，自其意念發動而後有不正，故欲正其心者，必就其意念之所發而正之。」❺

「在物為理，處物為義，在性為善，因所出而異其名。其實皆吾之心也。心外無物，心外無事，心外無義，心外無理。」❺

在心學中，心、性、理乃至情、才是一個東西，是至靈至善的；心不僅具有知識性，更具有本體性，因為只有善性的本體才可能產生善性的方法；心性之所失乃「起意」之結果，非氣稟所致，故絕

---

❺　《朱子語類》卷五

❺　《象山全集》卷一一

❺　《象山全集》卷一一

❺　《大學問》

❺　《王文成公全書》卷六

意以復性無須學問上工夫，只須用心之靈明去照察。

　　由此我們認為，理學、心學的根本差異在於：

1. 人性性質在理學中是可能善惡的，在心學中則是全善的。
2. 人性結構在理學中是開放的，在心學中則是封閉的。
3. 在人性價值之確定方面，理學堅持經驗的方法，心學則固守先驗的方法。

　　因此，如果說理學的課題是通過對心、性不一的經驗論證，建立起一種以學問為形式、去惡存善以復性為目的的成聖方法，並由此提示主體對先天善性的後天自覺，那麼，心學課題則可理解為「通過對心、性一體的形上論證，建立起一種以踐履為形式、直悟本心以見性為目的的成聖方法，由此提示主體對先天善性之先天自覺。」

　　本書所討論的慈湖心學正是心學課題的一種積極探索與解答，它採取的雖是一些近極端的形式與方法，卻給心學課題的解決提示了諸多有價值的答案。

第二章 慈湖生平、師承、著述

楊慈湖，名簡，字敬仲，生於南宋高宗紹興十一年正月辛酉(公元1141年)，乾道五年進士，卒於宋理宗寶慶二年三月丙戌(公元1226年)，享年八十六歲，為甬上四學者之冠。慈湖乃陸象山(子靜，公元1139-1192年)高足，其學術貢獻主要表現在其對儒家經典的心學方法解釋和對象山心學的擴充上，並由此確定了其在中國哲學、特別是宋明心學中的突出地位。在中國古代史上，思想家大都仕學兼於一身，並產生一種仕以顯學、學以養仕的效應。楊慈湖在這方面頗具典型，所謂「學之不可已也，堅此志，自今以往未至於道，不敢止也。雖曰不可以政學，向也不學，及政而始學，則所未聞。向也學，為政而不廢學可也」。❶因之，具體討論慈湖心學風貌之前，簡要介紹慈湖仕、學經歷，不僅可以先使讀者把握慈湖其人其學的概貌，也可為我們將展開的心學討論提示思路。

一、慈湖仕歷

楊慈湖官雖不大，似乎也很少做實權之官，然而他基本上終生以官為伴，特別是慈湖做官時的言論、行為，足讓我們領略其聖人氣象。

二十九歲，慈湖中進士，同時任富陽主簿。富陽人只知賺錢、

---

❶ 《先師》

做買賣，不尚學問，不注重道德教化。慈湖決心改變這種偏商輕文風氣，於是採取措施，興學養士，使文風益振。❷

　　三十六歲，慈湖任紹興司理，嚴於律己，唯理是從，執法如山，不媚上司，一身正氣。

　　　　為紹興府司理犴獄，必親臨端默，以聽使自吐露，越陪都臺府鼎立，簡中立無頗，惟理之從。一府史觸怒帥，令鞫之，簡白無罪命鞫。平日簡曰，吏過詎能免，今日實無罪，必摘往事，置之法，簡不敢奉命。帥大怒，簡取告納之，爭愈力。❸

　　四十一至四十二歲，慈湖曾得宰相史浩及常平使朱熹的推薦。
　　四十四歲，慈湖調任浙西撫屬，論兵主於不殺，講究諸葛武侯之正兵法，使軍政大修。

　　　　大尹張枸雅敬先生，先生亦渠渠與之盡……先生雍容立決的中膝會，莫不服為神明，讖田災意凶凶叵測，白尹宜戒一虞，遂委督之將兵。接以恩信得其心腹，出諸葛武侯正兵法，調肆習之，眾大和悅。❹

　　五十二歲，慈湖任樂平知縣，先後在匡正社會風氣、戰勝自然災害、改善百姓生活、傳播心學道術等方面做出了突出成績。

---

❷　《慈湖先生年譜》卷一
❸　《慈湖先生年譜》卷一
❹　《慈湖先生年譜》卷一

簡初入境，訪求民瘼，則聞楊石二少以器健恫喝官府。奸人無賴淵藪歸之，起事端，賊殘良或不才，長吏反利之為鷹犬，挾借聲焰，生其瓜角，莫不誰何，交事未久，果猖狂然來搖庭下，先生灼見奸狀，趣提圖中，加責罰，諭以禍福利害，咸感悟，願終自贖。由是足不及公門，邑人化之，以訟為恥，夜無盜警，路不拾遺。**❺**

自夏徂秋不雨，年穀水損，令楊簡尤盜起，講聚民之政，以關郊內自任，稍采鄉譽，分鄉職，曰糶、曰貸、曰濟，次第俱舉，邑無可糶責之民廩，邑無可貸請之倉臺，邑無可濟移之上供，歲雖饑不害。**❻**

五十四歲，慈湖詔為國子博士，離樂平，楊石二少玩拜稱其為楊父。

五十五歲，慈湖與李祥等為趙汝愚申辯，結果被罷。

趙汝愚斥，李祥抗章辯之，先生案學館舊事，請列箚，不許告，人人相顧語難。先生曰，拼一死耳！遂上書言臣與汝愚義合者也，汝愚豈每事盡善，至被不韙以出，則舉天下皆能亮其中也，汝愚往矣，不當復來。今日之言，不為汝愚發，為義而發，未幾亦遭斥。**❼**

---

❺　《慈湖先生年譜》卷一

❻　《慈湖先生年譜》卷一

❼　《慈湖先生年譜》卷二

慈湖捨生取義、殺身成仁的人格境界由此可見一斑。

六十八歲，提出以人心治蟲害的觀念。兼任考工部郎官，禮部官及著作郎、將作少監等。

七十歲，任國史院編修，實錄檢討官。罷妓籍，敬賢士。

七十一歲，永嘉尉及水寨兵捕入境私醝，慈湖禁之，以為捕私醝易召亂。

七十二歲，皇帝遣使慈湖處，慈湖以禮待之。同年慈湖離任，遷駕部員外郎，東嘉的老幼男女，緣道相送，泣不成聲。

「簡在郡廉儉自將，奉養菲薄，常曰，吾敢以赤子膏血自肥乎？閭巷睦無忿爭聲，民愛之如父母，咸畫像祀之。」⑧

「五年除駕部員外郎，去之日，老稚累累爭，扶擁緣道曰，我阿翁去矣，將奈何？傾城出，盡哭。有幾戶曾遭徒，亦手織錦字為大帷，頌德政。」⑨

七十三歲，慈湖遷軍器監兼工部郎官，轉朝奉大夫。

七十四歲，轉朝散大夫。

七十九歲，升直寶文閣，主管明道宮。

八十一歲，除秘閣修撰，主管千秋鴻禧觀，授朝請大夫右文殿修撰，主管鴻慶宮，賜紫衣金魚。

八十三歲，進寶謨閣，提舉慶宮，賜金帶。

八十五歲，轉朝議大夫，賜慈溪縣男，授華文閣直學士，提舉佑神觀，奉詔人，屢辭。

八十六歲，授敷文閣直學士，累加中大夫，仍提舉鴻慶宮，太中大夫致仕，正奉大夫。

---

⑧　《慈湖先生年譜》卷二
⑨　《慈湖先生年譜》卷二

　　由以上材料，我們不難推導出以下結論：

1. 慈湖做官種類多，文、武、法、政等方面的官都做過，而以文官官職最多最大。

2. 做官時間長，慈湖雖曾因趙汝愚事件被罷，但後來官仍越做越大，直至去世。

3. 慈湖為官嚴謹務實，正直敬業，政績卓著。 **⑩**

4. 慈湖善於在治政中貫徹自己的學術思想，其做官時所做所為，處處都體現出注重踐履、講究實效的心學精神。

二、慈湖學歷

　　孔子（丘，公元前551－前479年）曾有「十五而有志於學，三十而立，四十而不惑，五十而知天命，六十而耳順，七十而從心所欲，不逾矩」**⑪** 之說；陸九淵十三歲，因讀古書得解「宇宙」一詞，使懸念心中多年的問題豁然省悟，並啟開了其心學路向 ──「宇宙便是吾心，吾心即是宇宙。」**⑫** 王陽明（守仁，公元1472－1529年）也因龍場大悟格物致知之道，才將其智慧貢獻給心學理論的創造。**⑬** 研讀中國哲學家經歷，如此富有神秘色彩的描述實為司空見慣。事實上，這些神秘性描述為我們理解、把握古代哲學家思想的發展階段性、演變的複雜性提供了積極性幫助。比較而言，楊慈湖學術思想的成長歷程，有著更多如此神秘的經歷。

---

⑩　參閱本書第九章

⑪　《論語・為政》

⑫　《象山全集》卷三六，〈象山先生年譜〉

⑬　《慈湖先生年譜》卷一

少年時代的楊慈湖，似乎就有與眾不同的氣稟、風範和才賦。馮可庸、葉意深對慈湖八歲和二十歲分別是這樣描述的：

> 入小學，便嚴立若成人，書堂去巷隔牆一紙，凡遨游事呼澡過門，聽若無有。朔望例得假，群兒數日以俟，走散相徵逐。先生凝靜如常日，未嘗投足戶外。[14]
> 既長，任幹盡立，出入家用外，終日侍通奉公旁，二親寢已奄燈，默坐候熟寐，始揭弇占畢或漏，盡五鼓，為文清潤峻整，務明聖經，不肯規時好作俗下語。[15]

讀到如此生動形象的描述，我們很容易想起楊慈湖對他的老師陸象山少年時代的描述：

> 先生不戲弄，靜重如成人。……角總經夕不脫。衣履有弊而無壞。襪至之接，手甲甚修。足迹未嘗至庖廚。……讀書不苟簡，外視雖若閑暇，而實勤於考察。伯兄弟總家務，常夜分起，必見先生秉燭檢書。[16]

師弟二人少年成長經歷何其相似！不過這絕非偶爾相合，實為聖學大師應共有的先天涵養。慈湖年少早熟，處事持重（嚴立若成人）；為人嚴謹克己（不好戲弄，終日侍奉通奉公旁）；為文講究獨立，不隨波逐俗（不規時好作俗下語）；　對學問態度是勤學勤思、

---

[14] 《慈湖先生年譜》卷一

[15] 《慈湖先生年譜》卷一

[16] 《慈湖先生遺書》卷五，〈象山先生行狀〉

兢兢業業（凝靜如常、未嘗投足戶外，默坐候熟寐，始揭衾占畢或漏）。　由是獲知，慈湖不僅具有成聖的稟賦與氣度，更具備發揚聖學的耐力與才華。此後的慈湖學歷中，這點將逐步得到證明。

二十一歲，慈湖入太學學習，我們可得知其成績優秀，靜思有加，作文如注，為人謙雅：

> 既弱冠，入上庠，每試輒魁，者舊言先生入院時，但面壁坐日將西，眾閧閧竟寸晷，乃方舒徐展卷，寫筆如波，無一字誤，寫竟復袖卷舒徐，俟眾出，不以己長先人。❶

二十六歲，慈湖平生第一次學術交流，因為陸九齡為學錄，又可認為是慈湖與象山心學第一次接觸。

> 乾道初，爕入太學，陸九齡為學錄，同里沈煥、楊簡、舒璘亦聚於學，以道義相切磨。❶

二十八歲，是慈湖學問上的第一次大覺：

> 簡行年二十有八，居太學循理齋時，首秋入夜，齋僕以鐙至，簡坐於床，思先大夫曾有訓曰，時復反現，忽覺空間無內外，無際畔，三才、萬物、萬化、萬事、幽明、有無通為一體，略無縫罅。❶

---

❶ 《慈湖先生年譜》卷一
❶ 《慈湖先生年譜》卷一
❶ 〈僧炳求訓〉

此次大覺使慈湖悟出萬物與我為一體，澄然一片。可視為慈湖進入心學門檻的標誌。

三十一歲，是慈湖學問上的第二次大覺。據〈永嘉郡治更堂亭名記〉云：「某二十有八而覺。三十有一而又覺，覺此心清明虛朗，斷斷乎無過失，過失皆起乎意。……」**⑳**

此次大覺使慈湖悟出「心」的空潔性，並提出了「意」的倫理價值，從而為慈湖修養論的展開創設了前提。

三十二歲，慈湖與陸象山第一次見面，並定師弟之禮。在慈湖的學歷中，這是第三次大覺，關於這次大覺記載頗多，我們從《慈湖先生遺書》中摘錄角度不同的幾種敘述：

客觀情形——

陸文安公新第歸來富陽，長先生三歲，素相呼以字為交友，留半月，將別去，則念天地間無礙者，平時顧一見，莫可得，遽語別乎？復留之，夜集雙明閣上，數提「本心」二字，因從容問曰：「何為本心？」適平旦曾聽扇訟，象山揚聲答曰：「且彼訟扇者必有一是一非，若見得孰是孰非，即決定為某甲是某乙非矣！非本心而何？」先生聞之，忽覺此心澄然清明，亟問曰，止如斯耶？公竦然端歷，復揚聲曰：「更何有也？」先生不暇他語，即揖而跪，拱達旦質明，正北面而拜，終身師焉。**㉑**

慈湖自己的看法——

⑳ 〈永嘉郡治更堂亭名記〉
㉑ 《慈湖先生年譜》卷一

> 簡年三十有二，於富陽簿，舍雙明閣上，侍象山先生坐，問
> 答之間，忽覺此心清明，澄然無滓，又有不疾而速，不行而
> 至之神，用此必乃我所自有，未始有簡斷。❷

陸象山的說法——

> 簡主富陽簿，訪余於行都，余敬誦所聞，反復甚力，余既自
> 竭，卒不能當其意，謂皆其兒時所曉，殆庸儒無足采者，此
> 其腹心初不以語人，後乃為余言，如此又一再見，始自失，
> 乃自知就實據正，無復他道。❸

旁人的說法——

> 慈湖先生與象山先生夜集雙明閣下，因剖扇訟，揭示本心，
> 恍然有悟，精湛力造，渾化忘言，其學以天地萬物與吾身澄
> 然一片，而直指至靈至神，古今一貫之心，萬善俱足，平等
> 聖凡。❹

經過這種神秘的「扇訟」之誨，楊慈湖已具的心學潛覺得到了
提煉，成為其學歷中的重要里程碑。歸納起來，這次大覺的重要性
表現在：

---

❷　《家記二》
❸　《象山集·楊承奉墓碣》
❹　顏鯨《慈湖書院記》

1. 對心的多種性能〔聖性（澄然無滓）、無限性（此心乃我所有，未始有簡斷）、貫通性（古今一貫之心，萬善俱足、平等聖凡）〕等有了較完整的體悟。

2. 鞏固了慈湖多年的心學覺悟，並啟迪了新的思路——「某積疑二十年，先生一語觸其機。某始自信，其心即道而非有二物。」㉕

3. 接受陸象山理論宗旨和思想路數，使其學問有了師道性規定——「自失自知，就實據正，無復他適。」㉖

三十四歲，慈湖母親去世，慈湖大悟變化云為之旨，成為其學歷中第四次大覺：

> 春喪妣氏，去官，居堊室，哀毀盡禮後，營壙車廄，更覺日用酬應未能無疑，沈思屢日，偶一事相提觸，亙起旋草廬中，始大悟變化云為之旨，縱橫交錯萬變，虛明不動，如鑑中象矣。不疑不進，既屢空屢疑，於是乎大進。㉗
>
> 居妣氏喪，哀慟切痛，不可云喻，既久，略察最正哀慟時，乃亦寂然不動，自然不自知，方悟孔子哭顏淵而不自知，正合無思無為之妙。㉘

由這一覺可看出，慈湖由動靜關係解釋心物關係、主客關係、天人關係，將萬變萬化視為「鑑中象」，從而為「心」的圓潤無礙提供了一種新解釋。

㉕　《慈湖先生遺書》卷二，〈二陸先生祠堂記〉

㉖　《象山集·楊承奉墓碣》

㉗　《慈湖先生年譜》卷一

㉘　《慈湖易傳》卷二〇

四十七歲，陸象山登貴溪應天山講學，建「精舍」，並書慈湖談及為何取名「精舍」。

四十九歲，慈湖講學於碧沚書院，學生有史忠定等。

五十二歲，知樂平，為講堂訓，提出「學者，孝而已，時有古今，學無古今；時有古今，性無古今」的訓條。裘萬傾拜慈湖為道德師。

五十二至五十四歲，為楊慈湖學歷上第五次大覺，即偶讀「心之精神是謂聖」而大悟——

> 學者初覺，縱心之所無不玄妙，往往遂足，不知進學，而舊習難遽消，未能念念不動，……予自三十有二微覺之後，已墜斯病。後十餘年，念年邁而德不加進，殊為屬害。偶得古聖遺訓，謂學道之初，係心一致，久而精純，思為自泯。予始敢觀省，果覺微進。後又於夢中獲古聖面訓，謂某未離意象，覺而益通，縱所思為，全體全妙，其改過也不動而自泯，泯然無際，不可以動靜言。㉙

又「慈湖參象山學猶為大悟，忽讀《孔叢子》至『心之精神是謂聖』一句，豁然頓解，自此酬酢門人，敘述碑記，講說經義，未嘗舍心以立說。」㉚

慈湖自稱參象山之學為「微覺」，說明其學問，仍需補進；而因年少易足，至十餘年不加進；只是此後偶讀聖訓即《孔叢子》中「心之精神是為聖」，才又獲得一次悟解。如此大覺於慈湖學問具

㉙　〈家記〉

㉚　《四朝見聞錄》甲集，〈心之精神是謂聖〉

有深刻意義：

1. 確定心學知性本體狀態──自泯不動，故求知方法不是外索。
2. 確定心學道德本體狀態──內聖，故成聖方法是復性內成。

從此，慈湖心學有了自己的框架特色，並漸次擴增、深化。

五十四歲，刪訂《己易》，撰〈象山先生行狀〉。

五十六歲，有張調叔求學，慈湖教之以「心之精神是謂聖」。

五十七歲，撰〈曾子序〉，取曾子書參古本而釐正之釋其疑義。

六十一歲，是慈湖學問上的第六次大覺。

> 十一月九日清晨，忽覺子貢曰學而不厭，知也，教而不倦，仁也。孟子曰，惻隱之心，仁也，羞惡之心，知也。二子之言異乎孔子之言仁矣！十一日未昧爽，又忽醒孔子之言知者不惑，仁者不尤，必繼之以勇者不懼，何也？知及之，仁能守之，知知道仁者，常見常清明之謂，然而亦有常清明，日用變化不動，忽臨白刃鼎鑊，猶未能不動者，此猶未可言得道之全，故必終繼之以勇者不懼。**❸①**

由此覺可以觀到，慈湖用自己心學方法解釋仁、知等古典儒學範疇，認為知知道仁不過是言教之書本工夫，只有「勇」才是一種可融仁、知於一體的精神與氣質。

六十三歲，築室德潤湖上，並更名德潤湖為慈湖，講學於此，撰寫《先聖大訓》。

六十五歲，序《象山集》。

六十六歲，是慈湖學歷中第七次大覺。

---

❸①　《慈湖先生年譜》卷一

簡自以為能稽眾捨己從人矣，每見他人多自用，簡不敢自用。
一日偶觀〈大禹謨〉，知舜以克艱稽眾。捨己從人，不虐無告，
不廢困窮，惟帝堯能是，是謂己不能也。三復斯言，不勝嘆
息，簡年六十有六，平時讀〈大禹謨〉，未省及此。㉜

　　這一覺內容是兩個字，即「克艱」，「克艱」是一種律己而能耐
苦的精神狀態。慈湖悟此，表明其心學理論中增加了重要內容，同
時意味著慈湖自我道德境界的提高。

　　六十八歲，門人曾熠刊《己易》、《孔子閑居解》。

　　六十九歲，撰〈參前記〉、〈著庭記〉、〈昭融記〉。

　　七十歲，撰〈永春堂記〉、〈鄉記序〉等。

　　七十一歲，撰〈永嘉郡治更堂亭名記〉、〈永嘉郡學堂記〉。慈湖
根據「心之精神是謂聖」的訓條，視「清心堂」之「清心」為徒費
工夫；認「養源堂」為分本分末、裂大道為二。故更名「清心堂」
為「泳春堂」、「養源堂」為「永堂」。

　　七十六歲，慈湖晚年作詩較多，茲摘錄一首，從中可以了解慈
湖晚年思想情形。

行年七十有六，隨世名言則然，應酬袞袞萬狀，變化離坎乾
坤，人情曲折參錯，動靜多欲先後，孰有孰虛孰實，無高無
下無邊，清明靡所不照，一語不可措焉！先聖為是發憤忘食，
簡也敢空度歲年。㉝

────────────

㉜　《家記二》

㉝　〈丙子夏偶書〉

晚年的慈湖，壯志不減，濟世之心猶在，心學修養及理論造詣到了出神入化的境界。

七十八歲，慈湖心學出神入化之境界由其學問歷程中第八次大覺更能洞其本狀——

　　某行年七十有八，日夜兢兢，一無所知，曷此稱塞，欽惟舜曰：「道心非心外復有道，道待無所不通之稱。」❸❹

由上述材料可以看出慈湖學歷有以下特點：
1.慈湖學問有一個產生、形成、發展的過程。
2.慈湖學問基本上沿著陸象山心學方向發展。
3.慈湖勤於思考，在學問歷程中屢有大覺創見。

三、慈湖師承

說慈湖為象山高足，不僅在於那著名而神秘的「扇訟」之教，還在於慈湖對象山心學的廣泛接觸。南宋時期，雖然理學盛行，但楊慈湖基本上沐浴在心學的雨露中。所謂「朱文公之學盛行天下而不行於四明，陸象山之學行於四明而不行於天下。」❸❺慈湖接受心學的熏陶歷經了四個步驟：家學、求學、面授和書信。

（一）家學

楊慈湖父親楊庭顯（時發，公元1106－1188年）與陸象山是至

---

❸❹　錢時《慈湖先生行狀》
❸❺　《慈湖遺書》新增附錄

交，陸九淵稱楊庭顯為「四明士族，躬行有聞者，公家尤盛，相養以道義。」 ❸楊庭顯則對陸學推崇備至，所謂「盡焚其所藏異教之書」；❸而其自己身上也貫注著心學精神——「一夕被盜，翌日諭子孫曰：『婢初告有盜，吾心只如此；張燈視笥，告所亡甚多，吾心止如此；今吾心亦如此。』」❸由此可見，慈湖早年的心學熏陶是通過家學即其父楊庭顯的影響完成的。所謂「吾學南軒發端，象山先生洗滌，老楊先生琢磨。」❸而楊慈湖心靈中深深烙下了其父心學言行之印象——「先公一日閑步到蔬園，顧謂園僕：『吾蔬閑為盜者竊取，汝有何計防閑?』園僕姓余者曰：『須拌少分與盜者乃可。』先分欣然顧簡曰：『余既吾師也。』吾意釋然。」❹

（二）求學

　　楊慈湖二十一歲入太學，在太學與陸象山三兄陸九齡相識並切磨道義——「乾道初，變入太學，陸九齡（復齋，公元1132－1180年）為學錄，同里沈渙、舒璘亦皆聚於學，以道義相切磨」❹陸九齡與其弟陸九淵擁有共同學術旨趣，心學精神經過陸九齡傳播，進一步灌注於慈湖心靈中。楊慈湖二十八歲能大悟「三才、萬物、萬化、萬事、幽明、有無通為一體，略無縫罅」，與其家學、求學經歷有著密切的邏輯關係。

---

❸　《陸九淵集》卷二八

❸　《陸九淵集》卷二八

❸　《陸九淵集》卷二八

❸　《宋元學案·象山學案》

❹　《宋元學案·象山學案》

❹　〈真德秀西山集袁燮〉

（三）面授

　　楊慈湖三十二歲才得與心學大師陸象山晤面，這次晤面的簡單過程是：提問、大覺、納師弟之禮，但被記載得非常神秘。

　　「敬仲返富陽三月二十一日，象山過之。問曰：『如何是本心？』象山曰：『惻隱，仁之端也；羞惡，義之端也；辭讓，禮之端也；是非，智之端也；即此是本心。』凡數問，象山終不易其說，敬仲亦未悟。偶有鬻扇訟至於庭，敬仲斷其曲直，訖又問如初，象山曰：『聞適來斷扇訟，是者知其為是，非者知其為非，此即敬仲本心。』敬仲忽大覺，始北面納弟子禮。」❷

　　我們已經知道，正是這次神秘的「扇訟」之誨，確定了慈湖學問的心學方向。據記載，慈湖與象山直接接觸還有一次，即慈湖四十四歲左右任浙西帥屬時，曾與象山同在臨安。有詩〈侍象山先生遊歷西湖舟中胥必先周文忠奕〉為證，詩曰「百里平湖十里堤，新蕪苒苒綠齊齊，水晶宮裡光風靜，碧玉壺中遠近迷，局外有棋輪與我，口邊得句豈須題，流鶯即會幽人意，故向人間一兩啼。」❸讀著如此醉人、令人心曠神怡的詩，可以想見象山慈湖師弟相處之和樂。但令人納悶的是，我們無從知曉這段時間慈湖與象山學問上的交流；尤其是作為象山高弟的楊慈湖並不像朱熹的弟子指責陸象山那樣指責朱熹（此時陸象山與朱熹爭論正熱）。這就提示我們從另一視角思考楊慈湖。

---

❷　《陸九淵集》卷三六

❸　《慈湖先生遺書》卷六，〈詩・侍象山先生遊歷西湖舟中胥必先周文忠奕〉

（四）書信

可以確定下來的象山與慈湖通信共三次。第一封信是象山登應天山講學並建「精舍」，象山曾寫信給慈湖並言為何取名「精舍」。另外兩封信則主要談學問之事。

其一是「此心之良，戕賊至於熟煉，視聖賢幾與我異類，端的反省，誰實為之？改過遷善，固應無難，為人由聖，聖人不我欺也。直使存養至於無閒，亦分內事耳，然懈怠縱馳，人之通患，舊習乘之捷於影響，慢游是好傲虐，是作游逸淫樂之戒，大禹伯益猶進於舜，盤盂幾杖之銘，成湯猶賴之，夫子七十而縱心，吾曹學者，省察之功，其可已乎？承喻未嘗用力而舊習釋然，此真善用力者也，舜之孳孳，文王之翼翼，夫子言忠信，又言仁能守之，又言其用力於仁，孟子言必有事焉，又言忽忘，又言存心養性以事天，豈無所用其力哉？此中庸之戒，謹恐懼而浴沂之志，曲肱陋巷之樂，不外是矣！此其用力自應，不勞若茫然而無主，泛然而無歸，則將有顛頓，狼狼之患，聖賢樂地尚安得而至乎？」❹

其二是「日新之功有可以見其教者否？易簡之善，有親有功，可久可大，苟不懈怠廢放，固當日新其德，日遂和平之樂，無復艱屯之意，然怠之其非而求復，力量未宏，則未免有艱屯之意，誠知求復，則屯不久而解矣，此理勢之弊，非助長者比也，頻復所以雖歷而無咎，仁者所以先難而後獲也，若於此刖，生疑惑，則不來云助長之患，必居一於此矣。當和平之時，小心翼翼，繼而不絕，日日新又日新，則艱屯之意豈復論哉？顧恐力量未能至此耳。」❺

---

❹　《慈湖先生遺書補編・陸九淵書二則》

❺　《慈湖先生遺書補編・陸九淵書二則》

前項書信由「茫然而無主，泛然而無歸」為言，告誡慈湖聖學不可一日一時懈怠；末項書信則由「以力量未能至此為慮」發言，要求慈湖踐履聖學能克艱全力，如此才不會產生艱屯之意。從慈湖的心學造詣和對心學的踐履精神看，象山的引導鼓勵無疑產生過重大作用。

家學、求學、面授和書信四個方面表明，慈湖學問基本上師承象山；不過作為象山的高弟，其貢獻還在於慈湖對象山心學的持守、接引與發展（關於這點，請參閱本書以下各章）。

四、慈湖著述

慈湖老師陸象山倡「簡易」學風，述而不作；慈湖雖宗象山心學，卻有豐厚的著述。《宋史・楊簡本傳》和《藝文志》共錄慈湖著述十二種，《慈湖縣志》錄有二十四種，今人張壽鏞《慈湖著述考》稱有三十種。現存楊簡著作中最重要者當為《慈湖先生遺書》、《慈湖詩傳》、《楊氏易傳》。《慈湖先生遺書》是後人編纂的楊簡文集，有多種版本，其中以張宗祥編《四明叢書》版的《慈湖先生遺書》輯錄的內容最為豐富，是今人研究楊簡的基本材料。《詩傳》、《易傳》是楊簡通過註釋儒家經典以發揮自己心學的著作，也是研究楊簡心學的基本資料。慈湖主要著述列表如下：

1. 《楊氏易傳》二十卷
2. 《己易》一卷
3. 《五誥解》四卷
4. 《慈湖詩傳》二十卷
5. 《孔子閑居解》一卷

6.《論語傳》二卷

7.《石魚家記》十卷

8.《石魚偶記》一卷

9.《先聖大訓》六卷

10.《慈湖先生遺書》續集二卷

11.《慈湖先生遺書》補編一卷

12.《紀先訓》

13.《春秋解》十卷

14.《古文孝經解》一卷

15.《曾子傳》二卷

16.《家記》一冊

第三章　慈湖之「一」論

天下道術裂久矣。先秦諸子蜂起，是其所是非其所非，一人一道，一家一道，一國一道，致使天下紛爭，萬民塗炭。漢儒董子（仲舒，公元前179－前104年）起，以儒術為宗，因「天人三策」而入仕，倡「獨尊儒術」，實試圖以儒學一道統天下之道，但其學雜以讖諱，揉神靈怪異之論，其道自是不一。其後，佛老之學昌明神州，道術之裂尤著。先儒邵雍、二程、張載、周敦頤起而復興儒術，合佛學人性論於儒術人性論，並老氏自然大化論為儒術本根論，又致力於復興《易》之宇宙創生論，《大學》《中庸》之德性論、治政論。至大儒朱子起，擬以儒術一統天下之道矣。

但金溪陸子靜（九淵，公元1139－1193年）獨認理學諸子之路只是外在地統一了道術，卻未能落在「人心」之上，仍是「二之」，而非「一之」。其高足楊慈湖更發幽闡微，致力於心學之事業，試圖以人之本心一統天下之道。在他看來，不惟萬物為一、萬理為一、萬事為一，而且天地人物為一，聖賢、愚凡、生命亦為一。

一、「萬象」歸「一」

世間萬物在時間上有過去、現在、未來之別；空間上有大小、遠近、高下之分；性質上有精粗優劣之不同。眾生執著於不同，故爭執興禮讓亡，私欲勃發公理消。因此，破除「物執」乃歷代大賢

所孜孜以求之事，楊簡入手處是解《易》。

　　在楊簡看來，歷代解易者，皆迷於卦爻的組合及解構，從卦爻的殊相中推斷人間之禍福吉凶，宇宙萬物的生長消息，此實未觸及《易》之真精神。楊氏指出，《易》之真旨乃「一」，即從萬物流行和存在狀態的千異萬別中抽象出「一」，顯現出「一」，諄諄教導人們把握「一」。

　　　合三易而觀之，而後八卦之妙、大易之用，混然一貫之道昭
　　昭於天下矣。而諸儒言《易》，率以乾為大，坤次之，震坎艮
　　巽離兌又次之，噫嘻！末矣。「一」者易之「一」也，「--」
　　者易之「--」也，其純「一」者名之曰乾，其純「--」者名
　　之曰坤。其「一」、「--」雜者名之曰震坎艮巽離兌，其實皆
　　《易》之異名，初無本末精粗大小之殊也。故孔子曰：吾道
　　一以貫之。子思亦曰：天地之道，其為物不貳。❶

　　由卦象而觀之，有天地雷風水火山澤之別；由人身而視之，有首腹足股耳目手口之分；由畜相而觀之，有馬牛龍雞豕雉狗羊之別；由人倫觀之，有父母長男長女中男中女少男少女之分。萬物不勝其多，萬事不勝其繁，而《易》則以乾坤震巽坎離艮兌統馭之，抽象出了健順動入險明止悅的卦德。在楊簡看來，先哲多由萬而入之「八」（八卦），卻沒有進一步由「八」而之「=」（陰陽），更沒有由「=」而之「一」（「道一」），故而雖然從雜多中把握了簡，卻沒有由簡而之「道」。慈湖云：

---

❶　《慈湖先生遺書》卷一，〈周易解序〉

坤者兩畫之乾，乾者一畫之坤也。論曰：天地之道。其為物不貳，則其生物不測。……乾與坤之無二道也。乾何以三「一」也？天，此物也，人，此物也，地，此物也，無二「一」也，無二己也，皆我之為也。坤何以三「--」也？天有陰陽日月明晦也，地有剛柔上下流止也，人有君臣夫婦貴賤善惡也。……舉天地萬物萬化萬理皆一而已矣，舉天地萬物萬化萬理皆乾而已矣。坤者，乾之兩，非乾之外復有坤也，震巽坎離艮兌又乾之交錯散殊，非乾之外復有此之物也。❷

既然陰爻（「--」）乃兩陽爻之合，坤卦「☷」自然是乾卦（「☰」）之交錯，推之震巽艮兌卦，無不都是乾卦之「交錯散殊」。這樣慈湖就由萬物透觀出萬理，又把萬理導入易理，易理再歸之「一」理，建構起以「一」統「萬」之易學。

在楊簡那裡，萬物萬理歸「一」之學本是至明至白的，但一般人溺於日常生活和活動，往往視而不見，造成千古聖人之精義不明。他說：「大傳曰：百姓日用而不知，君子小人之所日用者亦一也，唯有知不知之分爾。」❸

「萬」、「多」、「一」，是三種不同的宇宙存在模式，更是人的三種不同的認知模式。百姓日用之間，多汲汲於繁雜無數之物的獲取，實不知萬物之後有幾種統貫之本質；而一般賢哲又喜執各種本質而自足，及至迷戀其中不能自拔；慈湖解《易》，一掃漢代象數之《易》之偏，由義理而直達《易》之真精神，由「一以貫之」之

---

❷ 《慈湖先生遺書》卷七，〈家記一・己易〉

❸ 《慈湖先生遺書》卷七，〈家記一・己易〉

道凸顯萬物之本。達此境界，決非如朱子倡導的「物格」而後「知
至」，而是反觀直指本心。慈湖回憶說：

> 少年聞先大夫之誨，宜時復反觀，其後於循理齋燕坐反觀，
> 忽然見我與天地萬物萬事萬理澄然一片。向者所見，萬象森
> 羅，謂是一理貫通爾。疑象與理未融為一，今澄然一片，更
> 無象與理之分，更無間斷。不必言象，不必言理，亦不必言
> 萬，亦不必言一，自是一片，看喚著作什麼，喚作理亦得，
> 喚作萬亦得，喚作一二三四皆得。 ❹

　　當人無覺時，萬象森羅，不勝其多其繁；而覺悟時，至理與萬
象融匯為一，天地萬物萬事萬理便「澄然一片」，人達此存在境界，
觀宇宙人間萬物，就無任何區分了。

　　從邏輯上觀察，楊簡體驗天地萬物為「一」的境界，肯定比其
解《易》時得出萬物萬理為一的看法要早。《四庫總目提要》云：
「考自漢以來，以老莊論《易》，始於魏王弼。以心性說《易》，始
至宗傳及簡。宗傳淳熙中進士，簡乾道中進士，皆孝宗時人也。顧
宗傳人微言輕，其書僅存，不甚為學者所誦習；簡則為象山弟子之冠，
如朱門之有黃干，又歷官中外，政績可觀，在南宋為名臣，尤足以
籠罩一世，故至明季，其說大行。」可見，楊簡挾其師之威，倚其
位之重，以心學理論解《易》，獨樹一幟，影響深遠。

　　考之楊簡的「一」之觀念，有論者認為，其思想淵源主要是佛
教的「萬法歸一」、「一念三千」的觀念，這是不對的。楊簡之「一」
論，如果說從論證方法上對佛教理論有所承續的話，那麼，其主要

---

❹　《慈湖先生遺書》卷一五，〈家記九・論學〉

思想資源則有二：

一為《易經》本已有的「一」之概念。《易・繫辭傳下》云：「天下之動，貞夫一者也。」此「一」顯然指「乾元」，故楊簡能以「乾」統坤，進則統所有的卦象，終則統萬物萬事萬理。

二為老子《道德經》中的觀念：「道生一，一生二，二生三，三生萬物。」❺此「一」從物象的存在講，是渾沌未分化之元氣；而從世界存在的本質看，則為「道」自身。

所以《道德經》常出現這樣的說法：「聖人抱一為天下式」；❻「昔之得一者，天得一以清，地得一以寧，神得一以靈，谷得一以盈，萬物得一以生，侯王得一以為天下貞。」❼可見楊簡「一」論的觀念，揉合了《易》與《道德經》的思想，既是萬物萬事之始、之根本，又是萬物萬事之本質之內核。因此，人們既能由「一」而統觀世界與人間，又可執「一」而處世治政，還可與「一」合一，反觀萬物萬理萬事，達至某種神秘混融一片的境界。

二、「萬理」歸「一」

楊簡「萬象」歸「一」之論解決的是如何透過森羅萬物的表層，直契其背後的「一」；而「萬理」歸「一」之論要證明的問題是：人們如何棄執一物一理之弊，直接領悟「萬理」之本一的實質。

楊氏深深憂慮於人們汲汲於「道」與「德」的區分，執著於仁、義、禮、樂等條目之分別，從而泯滅諸德的真精神。他諄諄教導世

---

❺　《道德經》（四十二章）

❻　《道德經》（二十二章）

❼　《道德經》（三十九章）

人：

　　……曰道曰德曰義曰禮曰樂，悉而數之，奠有窮盡。所謂道
　者，聖人特將以言夫人所共由無所不通之妙，故假借道路之
　名以明之，非有其體之可執也；所謂德者，特以言夫直心而
　行者即道之在我者也，非道之外復有德也。所謂直心而行，
　亦非有實體之可執也。仁者，知覺之稱，疾者以四體不覺為
　不仁。所謂仁者，何思何慮，此心虛明，如日月之照爾，亦
　非有實體也；禮者特理而不亂之名；樂者，特和樂而不淫之
　名。以是觀上數名者，則不為名所惑，不為名所惑，則上數
　名者乃所以發明本名言之妙，而非有數者之異也。是故道即
　禮，禮即樂，樂即《詩》、《書》、《易》、《春秋》。❽

　　楊簡認為，世人執著於道、德、仁、義、禮、樂之名，以為它
們自身都是一種實體性的存在，此大謬矣。它們實質上只是一種狀
態，而不是一種實存：所謂「道」乃人所共由之路；所謂「德」者
乃人直心而行於「道」；所謂「仁」者乃大覺大悟；所謂「禮」者
乃循規蹈矩，一絲不亂；所謂「樂」者乃和樂而不過分。由此看來，
道、德、仁、義、禮、樂都是那本根之「一」的別名和顯現，世人
好執著於它們的區分、它們的名言，卻對其本閎迷不知，在楊簡看
來這是失去儒學真精神的最根本表現。他指出：從外觀上看，道、
《禮》、《樂》、《詩》、《書》、《易》、《春秋》相差何其大也，有的是
一種活動的狀態，有的是生活中的準則，有的是經典等等；而從內
在本質上透視，則合而為一，是那無所不在而又完全同一的「一」

──────────
❽　《慈湖先生遺書》卷九，〈家記三・論禮樂〉

之表現。不明白這一點，不以之為基礎去掌握和踐履經典與道德，
在楊簡看來，都是絕大的錯誤：

> 某敬惟《易》之《詩》、《書》、《禮》、《樂》、《春秋》一也。
> 天下無二道，六經安得有二？旨以屬辭比事。為《春秋》者，
> 國俗之所教習也，非孔子之旨也。故孔子曰：屬辭比事而不
> 亂，則深明《春秋》者矣。不亂者，不睹其為紛紛，一以貫
> 之也。《春秋》之不亂即防之不愚，即《樂》之不奢，《易》
> 之不賊，《禮》之不煩也，一也。❾

　　自漢儒埋首注經以來，解六經之書不勝其多，而六經之真義倒
越來越湮滅於浩如煙海的解經文字之中。楊簡提出，六經乃「一」
也，《春秋》之旨是以歷代歷朝史事的記載來「教習」後世，維持
社會政治和人倫的秩序，此即所謂「不亂」，這正是《春秋》經的
「一以貫之」之「道」；表現於《詩經》中為「不愚」；體現於《樂經》
則是「不奢」；貫通於《易經》為「不賊」；顯現於《禮經》則「不
煩」。如此一看，六經皆「一也」果然不謬，慈湖進一步指出：

> ……以吾之思慮為心，言吾之變化為深不測謂之曰神，言吾
> 心之本曰性，言性之妙不可致詰不可以人為加焉曰命。得此
> 謂之德，由此謂之道，其覺謂之仁，其宜謂之義，其履謂之
> 禮，其明謂之智，其昏謂之愚，其不實謂之偽，其履謂之禮，
> 其明謂之能，其昏謂之愚，其不實謂之偽，其得謂之吉，其
> 失謂之凶，其補過謂之無咎，其忻然謂之喜，其慘然謂之憂，

---

❾　《慈湖先生遺書》卷一，〈春秋解序〉

悔其非謂之誨，嗇而小謂之吝，其不偏不過謂之中，其非邪
謂之正，其盡焉謂之聖，其未焉謂之賢，言乎其變謂之易，
言乎其無所不通謂之道，言乎無二謂之一，今謂之己。謂之
己者亦非離乎六尺而復有妙己也，一也二渚，私也，桎也，
安得無私與桎者告之。❿

　　慈湖由解《易》而引出的這段話，把人的倫理生活準則、社會
政治生活的準則，以及人生狀況的準則全部貫而為「一」。 在楊簡
看來，不把「萬理」歸「一」，則一會「私也」，即私欲勃發，以己
符合某一種準則為滿足，以己掌握了某一類準則而自足，乃至以己
之私意為準；二則「桎也」， 即人不能貫通各種各類準則，疲身心
於去適應各種各類的準則，無疑尤如被多重枷鎖桎梏束縛，難以達
到「隨心所欲不逾矩」的自如境界。
　　人是一種理智的動物，在認識紛紜繁複的萬事萬物之後，必然
要去追尋決定萬事萬物之為萬事萬物的那個「理」。 既然事與物無
限多，那麼，其「理」當然也無限多，楊簡認為，這是人之大蔽，
非破除不可，他寫道：

　　姑即六尺而細究之：目能視，所以能視者何物？耳能聽，所
　　以能聽者何物？口能噬，所以能噬者何物？鼻能臭，所以能
　　臭者何物？手能運用屈信，所以能運用屈信何物？足能步趨，
　　所以能步趨者何物？血氣能周流，所以能周流者何物？心能
　　思慮，所以能思慮者何物？目可見也，其視不可見；耳可見
　　也，其聽不可見；口可見，噬者不可見；鼻可見，臭者不可

❿　《慈湖先生遺書》卷七，〈家記一·己易〉

見；手足可見其運動，步趨者不可見；血氣可見，其使之因流者不可見；心之為臟可見，其能思慮者不可見。❶

慈湖在此以人視聽言動思嗅的器官及主宰此器官的精神為比喻，進一步證明「理一」的觀點。眼能看，人們可從自我的體驗中和觀察別人的活動中獲得這種實在的經驗，但是為什麼眼能看？使之能看的內在本質卻是無法從感官上獲得；同理，人們能從經驗上獲得鼻能嗅、手能運用屈信、足能步趨、血氣周流、心能思慮的經驗實事，但對使之如此的本質卻無法從感性上感知。正因為兩者存在狀態的不同，更凸顯出那「使之如此」的重要性。

楊簡不僅說明了內在之理的超驗性，還進一步引申出理的歸「一」性：「其可見者有大有小，有彼有此，有縱有橫，有高有下，不可得而一；其不可見者，不大不小，不彼不此，不縱不橫，不高不下，不可得而二。」❷

在感官之感覺創設的經驗世界中，由於人感官的多樣，感官的感受性質及方面不同，便構成了人的一個有大小彼此之分，有縱橫高下之別的經驗世界。在楊簡看來，人們若惑於這經驗的世界，執著於外物的大小彼此、縱橫高下便錯；人們應該也必須從這無數其多，無限其繁的經驗世界裡去體會那不可「見」──即不可經驗的本質。由於這兩者性質的截然不同，楊簡便由無限多的物的世界，推導出只「一」的理的世界，證明其不大不小、不彼不此、不縱不橫、不高不下──尤其是不多只「一」的本質，慈湖云：

❶　《慈湖先生遺書》卷七，〈家記一・己易〉

❷　《慈湖先生遺書》卷七，〈家記一・己易〉

是不可見者在視非視，在聽非聽，在噬非噬，在臭非臭，在
運用屈信非運用屈信，在步趨非步趨，在周流非周流，在思
慮非思慮。視如此，聽如此，噬如此，臭如此，運用如此，
步趨如此，周流如此，思慮如此，不思慮亦如此。晝如此，
夜如此，寐如此，生如此，死如此。天如此，地如此，日月
如此，四時如此，鬼神如此。行如此，止如此，古如此，今
如此，前如此，後如此，彼如此，此如此。萬如此，一如此，
聖人如此，眾人如此。此自有而不自察也，終身由之而不知
其道也。**⑬**

　　在此，楊簡將主宰之「道一」再貫之於人的各種感知和社會的
倫理的活動過程中，說明那不可見不可識的「一」並非虛無飄渺的
東西，就貫統在人們日用平常的活動中，人的一舉一動，一見一嗅，
一思一慮，無不是受那「一」之理的控制，無不能顯露此理。

　　慈湖言「萬理」歸「一」，十分平實易解，其良苦用心在於：
把儒者從繁瑣的經典釋義中解脫出來，直指貫穿於其中的義理；並
進而使世人從無限其多其繁的感官經驗的世界中把握「一」之理，
從而在日常生活裡達到更高的理想境界。

　　從創意而言，慈湖之「萬理」歸「一」之論並非新說。由萬物
而求之一理，是宋明諸儒共同的目標。張載撰《西銘》由氣「萬」
而溯之理「一」，獲得程子、朱子的大加讚賞。朱熹云：「程子以為
明理一而分殊，可謂一言以蔽之矣。蓋以乾為父，以坤為母，有生
之類，無物不然，所謂理一也。而人物之生，血脈之屬，各親其親，

---

⑬　《慈湖先生遺書》卷七，〈家記一・己易〉

各子其子，則其分亦安得而不殊哉！」❶但細加觀察，程朱的「理一分殊」之論與楊簡的「萬理」歸「一」說還略有不同。程朱在以萬物之理皆循「太極之理」的前提下，強調分殊之理的相互差別：「問：萬物粲然，還同不同？曰：理只是這一個，道理則同，其分不同。君臣有君臣之理，父子有父子之理。」❶而慈湖不僅極力維護「理一」的完全同一性，更刻意於消解「分殊」之理的不同，認為執著於萬物之異固然錯，執著萬理之殊則是更大的錯。所謂「分殊」僅是「名」不同而已，其「實」則一。因此，人們須打破「分殊」之理的執著，體悟那至高至完整、無所不在無時不有的主宰之「一」。

由此一斑，也就別出了「理學」與「心學」之分野。

三、「生命」歸「一」

慈湖不僅消解森羅萬象的萬物之間的區別，亦不僅消解「分殊之理」的不同，更進一步指出了人之生命與萬物萬理的同一性。

一般而言，人們對自己的生命及生活考慮得很多，而且大多數人都經驗到這樣一個事實：人在容貌上有美醜高矮；在生活中有貧富窮達；在人生遭遇上有吉凶福禍；在個人品性上有賢愚慧蠢；在地域上有東西南北；在生命時間上有壽夭短長；在想法和行為上更是繁雜多樣等等。因此，人們很難由這些人間的體驗中獲得生命歸「一」的認識。在慈湖看來，人們生存狀態雖然無限繁雜多樣，但由本質而言，生命則「一」。　人們只有真正體會到這一生命境界，才能有宏闊的胸襟，包孕萬物，吞吐世界，天下一家，中國一人。

---

❶　朱熹《西銘注》

❶　《朱子語類》卷六

首先，慈湖指出，從產生的本源看，人與宇宙同根。

> 吾之血氣形骸乃清濁陰陽之氣合而成之者也，吾未見夫天與
> 地與人之有三也。三者形也，一者性也，亦曰道也，又曰易
> 也。名言不同而其實一體也。故夫乾象之言，舉萬物之流形
> 變化皆在其中，而六十四卦之義盡備於乾之一卦矣。❶❻

天、地、人被古人指為「三才」，涵括宇宙、人間和社會。從
形貌的外觀上看，三者相差何其大也；但從起源上體會，從本質上
認知，楊簡指出，都由清濁陰陽之氣構成，貫穿於其中的是「性」、
是「道」、是「易」。三者之別僅為名言不同，「其實一體」。

人既然與宇宙同源同根同構造，自然可與天地並列；而且此
「人」涵括古今中外全體之「人」，因此人人之性同，人人之命同，
這樣，人之本質為「一」，人與宇宙萬物之本質亦為「一」。楊簡繼
續推論道：

> 孔子曰：地載神氣，神氣風霆，風霆流形，庶物露生，無非
> 教也。又曰：吾道一以貫之，皆所以明著，至神之道無不通
> 貫也。惟神不形，惟神不名，天以是健行，地以是發生，人
> 以是靈，百谷草木以是成。莫究厥始，其究厥終，故夫無思
> 無為，寂然不動，感而遂通，三才之所同也；變化雲為，不
> 疾而速，不行而至，三才之所同也；曰陰曰陽，舉不得而測，
> 三才之所同也。❶❼

---

❶❻　《慈湖先生遺書》卷七，〈家記一・己易〉
❶❼　《慈湖先生遺書》卷二，〈樂平縣重修社壇記〉

在慈湖先生的筆下，外部的世界為純粹人化的世界；而人的內在世界亦為純粹物化的世界。人化世界與物化世界完全合一，融匯一片，遂構成楊簡生命歸「一」論的基礎。因此，宇宙大化的流行，萬物生長榮衰的變化，風雨雷霆的降生，無不都是對人的某種教化；而人只要內省自身，無不可感受到「本用神明，剛健中正，純粹精一，乾元在斯，坤元在斯，在感有應，無不通矣。」⑱人內在的先驗的諸本質恰恰是天地宇宙之本質，內外完全暢通無礙，此正為「天人合一」之境界實現的基礎。慈湖先生描繪道：

> 夫所以為我者，毋曰血氣形貌而已。吾性澄然清明而非物，吾性洞然無際而非量。天者，吾性中之象；地者，吾性中之形。故曰：在天成象，在地成形，皆我之所為也。混融無內外，貫通無異殊，觀一畫其旨昭昭矣。⑲

人之本性澄然清明，不是某種具體之物。若為具體之物，在空間上就是有限的，那就無法和天地之本相溝通、相等同。楊簡認為人性是超越空間和時間的，即所謂「無際而非量」，正因為如此，才能包孕天地，吞吐萬物，達到融混無內無外，貫通無異無殊的境界。

其次，從人自身而言，人生的各種狀態皆為「一」。

人有生老病死，富窮困達，種種生存狀態使芸芸眾生疲於奔命，為長壽，為富貴，為免於病免於死免於勞免於困，人們往往陷於肉欲的深淵而不能自拔。楊簡深諳此道，竭力闡明「人鬼生死實一」的道理：

---

⑱　《慈湖先生遺書》卷二，〈樂平縣重修社壇記〉

⑲　《慈湖先生遺書》卷七，〈家記一・己易〉

先生曰：人鬼生死實一。非強一，蓋人道之大通，三才貫萬古，分而言之有氣有魄，合而言之一也。魂氣輕清，其死也復於天；體魄則降而復於土。天地之分也，孔子曰：人者天地之德，陰陽之交，鬼神之會，五行之秀。《中庸》曰：天地之道，其為物不貳，天者吾之清明，非特吾之魂氣歸於天而已；地者吾之博厚，非特吾之體魄復於地而已。❷⓿

「魂氣」是人之生命力；「體魄」是人之肉體，合之則為活生生的人；分之則為死。但真正透視人的生與死，則不會悲於死。因為魂氣上升歸之於天，清明一片，無邊無際；而體魄歸於大地，博厚悠遠，無始無終。有此體認，必會陶冶出廣博的心胸，對生死窮達毫不縈懷，更不會汲汲於世間小利，肉慾的滿足。慈湖先生繼續說：

……庸情知魂氣歸天如彼其高，體魄歸地如此其下，以為不可合而為一。達者觀之，未始不一也。人之骨肉弊於下陰為野土，此吾之地；其氣發揚於上為昭明，焄蒿悽愴，此吾之天。百物皆有此地，皆有此天，天地之精妙，名之曰鬼神。……上下用親，孝事其親，鬼神合一，生死無二，豈不甚明，人自以為二爾。故曰：反寸復始，追思祖考而不忘其所由生，是以致敬發情，竭力從事，不惟行吾道心之孝，而亦以教民也。……汲古承先生之誨，乃知人心。與天地鬼神之心通一無二。❷❶

---

❷⓿ 《慈湖先生遺書》卷一一，〈家記五・論論語下〉

❷❶ 《慈湖先生遺書》卷一一，〈家記五・論論語下〉

　　楊簡別出了二種對「人鬼生死」的看法：一種是所謂「庸」者，
他們認為既然魂氣歸天，體魄歸地，二者相距何其遠也，又怎能說
「人鬼生死」合一呢？另一種是所謂「達」者，在他們看來，人死
歸於天歸於地，恰是人擁有了天地（範圍天地），成為天地之精妙
的「鬼神」。在楊簡看來，聖人教民祭祀祖先，就是使民通祖考之
神；「又教民相愛以通祖考之魄也」。若「人鬼生死不一」，又何必
祭祖考？更關鍵的是，又如何能發揚孝心？如何顯現天地之心？

　　顯然，慈湖從二個方面推論出「人鬼生死」齊一的結論：一是
本體論的，以天地萬物人鬼都同根同源而生，故而人之生死魂魄皆
「一」；二是神道設教的，即從人倫秩序的釐定、社會政治的有序
化都依賴於人們對列祖列宗的孝心，人若不認識到「死」亦即鬼神
之生的道理，又如何起恭敬之心？又如何有孝順之行？又如何使天
下太平？慈湖先生的良苦用心的確使人肅然起敬。

四、慈湖「一」論之檢討

　　慈湖之「一」論要解決的是世界的本質、宇宙本源的性質問題，
他從「萬象」歸「一」入手，論證了「萬理」歸「一」，再進而闡
述了生命歸「一」。由於把紛紜繁複的世界都化簡為了一個最根本
的「理一」，千變萬化的世界也就能由「一」而馭使。這體現著人
類千百年來孜孜以求的一種目標：能否用某種最根本最簡單的原理
統馭萬物萬事萬理？具體之物顯然不行，其有無限之多；抽象之理
也不行，其有萬殊之雜，由此楊簡找到了「一」來擔當此任。當然
這並非是楊簡的獨創，而是承受先儒之學說得來的。

　　程頤云：

安有知人道而不知天道者乎？道一也，豈人道自是人道，天
道自是天道？……天地人只是一道也，才通其一，其餘皆通。
論其體則天尊地卑，如論其道，豈有異哉！ ②

陸子靜云：

蓋心一心也，理一理也，至當歸一，精義無二，此心此理實
不容有二。故夫子曰：吾道一以貫之。孟子曰：夫道一而已
矣，又曰道二，仁與不仁而已。如是則為仁，反是則為不仁。
仁即此心也，此理也。 ㉓

　　楊慈湖繼承並發展了程頤「萬象歸一」、 陸九淵「萬理歸一」
之論述，並進一步證明了「人鬼生死」的歸一。由此完成了心學宇
宙論的構架。
　　現代人若想從邏輯上、經驗上、科學上去追究此「一」是否真
的存在，是毫無意義的。實際上，此本體、本源之「一」既無法在
邏輯上證明，亦無法在經驗上感知和在科學實驗中找出來，它實際
上是人們的一種信念和價值的構造，這不是物理學上的有無問題，
亦非邏輯上的存在與不存在的問題，而是一個美善的價值信念問題。
慈湖批評老子說：「三才之道一而已矣，而老子裂而四之，其言法
天、法道、法自然，尤為誣言，瑕病尤著，以他語驗之，老子不可

---

② 《二程遺書》卷一八

㉓ 《象山全集・與曾宅之》

謂無得於道而猶有未盡焉爾。」❷

　　慈湖也批評莊子：「莊周……惟睹夫二，未睹夫一也。」又批評列子：「列子知異而不知同，不知一貫之妙。」甚至批評孟子：「孟子……不知渾然一貫之妙。」❷

　　楊簡對諸子的批評，顯然是以其「一」之觀念為基礎的，他甚至不能容忍老子「人法地，地法天，天法道，道法自然」❷的說法。老子的哲學本以「道」為最高本體，但分而言地、言天、言自然。楊簡則以「通乎一，萬事畢」的徹底性希望人們直透地、天、自然等物之本質。人們雖然生存於萬物包圍之中，應接於萬事的接踵而至，但時時刻刻都不能溺於萬物萬事，而應該直接與那本體之「一」相靠近、相溝通、相合一。這才是正確的生存態度。慈湖用「一」來指稱萬物萬理及生命的本體,根本意圖是想凸顯此本體的完整性、至高性和完善性。沒有完整性，就無從談至高性；而沒有至高性也就談不上至善性。他用心良苦地樹立「一」之觀念，是使芸芸眾生任何時候，在任何地方，都能感受與本體之「一」同在，從而堅定自我踐履由此「一」派生出的各種準則。

　　人類天生即有回歸「家園」的心理傾向。現實中的「家園」好回，許多人擁有巨宅深院，許多人即便家境不那麼寬裕，亦有一個溫馨的家；但精神的「家園」不好回。一方面，眾多的人根本不知精神家園為何物，在何方，無法回歸；另一方面，即使人們搞清楚了精神的家園是何物，在那方，亦不得其路（方法）而入；此外，更多的人則對精神家園的性質釋義太多，令人眼花撩亂，無從選擇。

---

❷　《慈湖先生遺書》卷一四，〈論諸子〉

❷　《慈湖先生遺書》卷之一四，〈論諸子〉

❷　《道德經》（二十五章）

於是，人類在物質上可以很豐裕，而在精神上卻很貧困，甚至成為精神上的乞兒、流浪者。這種情況尤以今日為甚。

當代社會，一來高科技大量生產日異翻新的器物，人們簡直無法適從；二來各種信息量空前增加，雖然信息處理技術越來越好，但人們顯然手忙腳亂，忙忙碌碌於日常生計。世界變得越來越雜多，人們簡直無法想像有那麼個根本的「一」可以統馭萬物萬事萬理。人們在外界事物的控制下，心境難以平靜，行為變得日趨複雜，人不僅肉體疲於奔命，心理與精神的負荷亦日趨沈重。生命耗費於外物追逐的欲求和行動，精神家園荒蕪不堪。

重建當代人對世界整體的哲學把握，重樹當代人的一種積極的價值觀念，重新找回當代人的精神家園，是刻不容緩之事，而慈湖先生的「一」之觀念應有相當的啟迪性。

第四章　慈湖之「心」論

慈湖之「一」論，從根本上而言，是從本體論上使「萬象」歸「一」、「萬理」歸「一」，生命歸「一」，但此「一」非佛法之「空」、道家之「無」，仍要有個落腳處，慈湖認為此「一」即「心」。

「心」之概念在儒學大師孟子處首先得到系統地闡述，後繼儒者從各個方面發揚光大之：或從人性論的角度闡發，或從宇宙論的方面論述，亦有從認知方面來體認，不一而足。慈湖先生則統而貫之，以「心」既為天地間主宰，又是人之本有之善性，同時又具有洞悉宇宙、「萬象畢見」之功能，總之是一至高至善至能至圓滿的精神存在。

一、「心」之性質

一般人認「心」為人之精神，此說易造成一弊端，即：既然是人之精神，那麼人與人之間就互有所區別，有些人可以是很圓滿的，而另一些人則有所缺陷；既然是人之精神，那麼，它便是有限之存在。楊簡為破除此論，相當堅決地指出，「心」為自足之「心」，心為宇宙萬物人我共有之精神，「心」還是純粹完滿之善。他寫道：

孔子曰：人者天地之心，又曰：心之精神是謂聖。孟子亦每道性善，又曰：仁，人心也。大哉斯言，啟萬世人心所自有

之靈。人孰不愛敬其親，有不愛敬其親者非人也；人孰不知
徐行後長，有不後於長者非人也。此心人所自有也，不學而
能也，不慮而知也。心之精神是謂聖，果如吾聖人之言也，
其有不然者，非其心之罪也。惟民生原因物有遷，感萬物而
昏也。心之精神，無方無體，至靜而虛，明有變化而無營為。
禹曰：安女止，明其本靜也。舜曰：道心，明此心即道也。❶

以人為天地之「心」，又以「心」為人身中之「聖」，這使宇宙
萬物與人之本質完全溝通、融匯為一。慈湖以人之心為仁為善，多
接受的是孟子的看法，即：人人都有孝親敬長之心，此非學而後有、
慮而後知，完全是先驗的自然而然的人人具備；若非如此，則此人
雖有人之貌、人之行，卻是「非人也」。因此，人人都有此「心」，
「心」與天地萬物同，此「心」是自善自完滿自足毫不欠缺的。慈
湖先生繼續推論道：

道心大同，人自區別。人心自善，人心自明，人心即神，人
心即道。安睹乖殊，聖賢非有餘，愚鄙非不足。何以證其然？
人皆有惻隱之心，皆有羞惡之心，皆有恭敬之心，皆有是非
之心。惻隱仁，羞惡義，恭敬禮，是非知。仁義禮知愚夫愚
婦咸有之，奚獨聖賢有之。人人皆與堯舜禹湯文武周公孔子
同，人人皆與天地同……❷

慈湖先生特別指出的是，每個人之心都是自善、自明的，都為

❶　《慈湖先生遺書》卷二，〈申義堂記〉
❷　《慈湖先生遺書》卷二，〈二陸先生祠堂記〉

「神」，都為「道」。因此，愚夫愚婦與聖賢同「心」；人人皆與天地同「心」。此一說法源自孟子，又在王陽明「滿街都是聖人」的驚人判斷中得到極至性發揮。幾位大儒的良苦用心在於：聖賢非超人，他們就是平常人，不過是把先天的善性發揚光大而已；愚鄙非惡人，他們完全可以成為聖賢，不過一定要把人所共有之「心」真正顯露出來罷了。這樣，愚夫愚婦沒有了自甘墮落的藉口，聖人賢者亦無趾高氣揚的理由。人人都堅定向聖賢看齊的信心和決心，如此，何愁人間社會不成為和諧的樂園呢？為此，慈湖先生還需論證「心」的超時空性，因為人是具體之人，都生活在特定的時間、空間中，若此「心」不超時空存在，又如何能達到人人「心」同呢？慈湖指出：

> 人心非氣血，非形體，廣大無際，變化無方，倏焉而視，又倏焉而聽，倏焉而言，又倏焉而動，倏焉而至千里之外，又倏焉而窮九霄之上。不疾而速，不行而至，非神乎不與天地同乎。❸
>
> 此心虛明無體象，廣大無際量，日用云為，虛靈變化。實不曾動不曾靜不曾生不曾死。而人謂之動謂之靜謂之生謂之死，晝夜常光明，起意則昏則非。❹

由這兩段文字可知，「心」在慈湖眼中，乃一精神性存在，而非實體性存在（如今人以解剖學上的「心臟」為「心」）。正因如此，「心」無「體」，故能無限；「心」無「形」，故能變化萬端，超乎

---

❸　《慈湖先生遺書》卷二，〈二陸先生祠堂記〉

❹　《慈湖先生遺書》卷三，〈日本國僧俊荍求書〉

人的感覺知覺，唯以「神」方可顯示其性質。既然「心」為超時空的存在，所以，其不生不死不動不靜。但它這種神乎其神的性質並不妨礙其表現於百姓日用平常的生活中。

　　楊簡突出「心」超時空存在的神聖性和至善至完滿的品性，是使人們對其抱著崇拜心、敬畏心；楊簡又指出其就是人人本有之心，就發育流行於人倫日用之間，是促人時時以其思為思，以其所示而行，在生活中的每時每刻都堅定地信仰它、保有它、踐履它：

> 　　……惟先聖之道，廣大昭明，無所不包統，無所不貫通。在天為乾，在地為坤，在日月為明，在四時為變通，在萬物為生，在某為心。心者某之所自有而先聖之道在焉，實廣實大實昭明，無所不包，貫順而達之萬善畢隨，支而離之，百非斯集。某敢不敬養敬保以敬事先聖。……❺

　　人之「心」統貫了先聖之精神、天地之乾坤、日月四時之明之變通、萬物之生長發育，貫乎古今，通乎東西南北中，所以是「大」、「廣」、「昭明」；所以是無所不包，萬善畢隨。對此「心」，人們當然應該敬養之、敬保之，這亦是對先聖先賢的崇奉。

　　既然人之「心」自足自滿自善，貫乎古今，通乎聖賢，故不可損益。慈湖這種看法是有針對性的，許多儒者認為，世上人應該多「清心」、「洗心」，用聖賢所傳倫理綱常矯正自己，去除自心的污垢，復返大道。慈湖既然以「心」為道，當然堅決反對「清心」、「洗心」之說。他寫道：

---

❺　《慈湖先生遺書》卷四，〈祝文·先聖祝文〉

郡宇之東有堂焉，名清心。某心不安焉。胡為乎不安？孔子
曰：心之精神是謂聖。既聖矣，何俟乎復清之？孟子曰：勿
正心。謂夫人心未始不正，無俟乎復正之。❻

　　慈湖引先聖之言說明心不可「清」，不可去「正」。在他看來，
心純一精一，無絲毫渣滓，又如何（怎能）去「清」和「正」呢？
他繼續推論道：

此心虛明無體，精神四達，至靈至明，是是非非，云為變化，
能事親能事君，上能從兄能友弟能與朋友交，能泛應而曲當，
不學而能，不慮而知，未嘗不清明，何俟乎復清之。清心即
正心，正心孟子之所戒也，而後人復違其教何也？易上繫曰：
聖人洗心；大學曰：先正其心。故後學因之不察。夫上繫之
洗心，大學之正心，皆非孔子之言也，不繫子曰之下。❼

　　慈湖認為《易經》中的「洗心」之論，《大學》中的「正心」
之說，皆非聖人之言，故是錯的。如此論證，未免使人感到有些武
斷。但「心」之概念既然被慈湖定義為至善至圓滿，他當然不能允
許任何對其進行損益的企圖，那怕是經典中有出處，現實中許多人
都持此論。從根本上看，「洗心」、「正心」之論與慈湖非「正心」，
非「洗心」之論差別很小，因為持「洗心」、「正心」觀念者，把人
之物欲、人受外在引誘而產生的心邪等，都視為人心的某種性質，

---

❻　《慈湖先生遺書》卷二，〈永嘉郡治更堂亭名記〉
❼　《慈湖先生遺書》卷二，〈永嘉郡治更堂亭名記〉

所以要「洗心」——去除心之污垢，要「正心」——矯正心的偏差。楊簡當然也贊同人應去除物欲、去除偏邪的可能性，但他把這些東西都排除於「心」之外，使心保持最為純潔的存在。這一點據他說是在二十八歲和三十一歲時覺悟得到的：

　　某二十有八而覺，三十有一而又覺，覺此心清明虛朗，斷乎
　　無過失，過失皆起乎意。不動乎意，澄然虛明，過失何從而
　　有。某深信此心之清明，自無所不通，斷斷乎無俟乎復清之。
　　於本虛明無所不通之中而起清之之意，千失萬過朋然而至矣，
　　甚可畏也。某懼學者此心未明又惑乎洗心正心之論，某朝夕
　　居乎清心堂之中而不以為非，是清心洗心正心之說果是也。
　　清心洗心正心之說行，則為揠苗，非徒無益而又害之。 ❽

　　慈湖於二十八歲時，在太學的循理齋靜思默想，忽覺宇宙與物與己無內外，三才、萬物、萬化、萬事幽明有無貫通為一。此時他實際上是達到了一種境界，即：以「一」提挈萬物，以「一」統貫「萬理」，以「一」包孕生命，使內在之「心」與外在之物之人無不貫通，無不融洽，無一絲一毫的滯礙。此時，心已澄然一片，若有若無，晶瑩剔透，無所有又無所不包，似乎不存在又無時不在。天、地、人完全一體，當是之時，怎不以「心」為廣大無際之至善存在？其自能無所不通，澄然虛明，毫無過失。由此推論，「清心」、「洗心」、「正心」之說都是似是而非之論。楊簡深懼學者一方面本心之明還沒完全體認到，便又急於去「清心」、「洗心」、「正心」，這恰如孟子批評的揠苗助長，「非徒無益而又害之」。

❽　《慈湖先生遺書》卷二，〈永嘉郡治更堂亭名記〉

楊簡「心」之性質論，重在維護自「心」的神聖性、純潔性，他容不得「心」中有半點污垢。關於這一點，先儒倒是早有論述。孟子言：「君子所以異於人者，以其存心也，君子以仁存心。」❾以「仁」為「心」，「心」之至善性昭然若揭。宋儒邵雍則把「心」抬高到本體「太極」來對待：「物莫大於天地，天地生於太極，太極即是吾心，太極所生之萬化萬事，即吾心之萬化萬事也。」❿關於這一點，朱子亦是贊成的：「心之理是太極，心之動靜是陰陽。」⓫但是，楊簡「心」之性質論比之朱子又更為徹底，他堅決反對任何使「心」有所分的企圖，全力維護「心」的至高至完整性。

二、絕「四」論

人之「心」既然至善至純，無有絲毫瑕疵，那麼世上為何有如此多的惡人和壞事呢？任何一個正常的人，只要睜眼看社會，就不得不承認許許多多的人物欲橫流，為非作歹，無惡不作。如何解釋人「心」的至善與現實社會中眾多的人為「惡」這樣一種矛盾現象呢？楊簡嚴格地區分了「心」與「意」。他說：

> 此心本無過，動於意斯有過。意動於聲色故有過，意動於貨利故有過，意動於物我故有過，千失萬過皆有意動而生。故孔子每每戒學者毋意毋必毋固毋我。⓬

---

❾ 《孟子·離婁下》

❿ 《觀物外篇·漁樵問答》

⓫ 《朱子語類》卷五

⓬ 《慈湖先生遺書》卷二，〈臨安府學記〉

　　所謂「動於意」，　即在外物引誘下，人產生的一種意欲。聲色犬馬人們追求之，故有「過」；　金錢財物人們追求之，故有「過」。所以，楊簡完全承認世上有萬千罪惡之事，有無數孜孜求利之小人，但他認為這並非是「心」之罪，而是「意」動之過。慈湖繼續推論說：

　　　何以不亂？亂生於意，意生紛然。意如雲氣，能障虛之清明，
　　　能蔽日月之光明。舜曰道心，明心即道，動乎意則為人心。
　　　孔子曰：心之精神是謂聖，而每戒學者毋意毋必毋固毋我。
　　　意態萬殊而大槩無踰斯四者，聖人深知意之害道也。❸

　　此是說，「心」如日如月，燦若太虛之清明，而人之意起，便如雲霧障蔽了「月」、「日」和「太虛之清明」，使本「心」不明。於是，人之至善之性無法顯現，人之行為也就流於惡了。所以，人之意害道害心，是人之至善之性的大敵，自古聖人必去之。

　　但是，明「心」以返道而去意，並非使人麻木不仁，對外界事物毫不縈懷，這種不起意易墮入佛禪而與儒學真精神有別。慈湖之不起意、之「絕意」，並不是讓人心如古井，微波不興，走向「空」、「虛」、「無」一途，他說：

　　　舜曰道心。明心即道，動乎意則為人心。孔子語子思曰：心
　　　之精神是謂聖。孟子亦曰：仁人心也。心可言不可思，孔子
　　　知門弟子必多以孔子為有知，明告之曰：吾有知乎哉？無知
　　　也，知即思。又曰：天下何思何慮。周公仰而思之，夜以繼

───────────────
❸　《慈湖先生遺書》卷二，〈著庭記〉

日，即思非思。孔子臨事而懼，好謀而成。即懼非懼，即謀
非謀，如鑒之照，大小美惡，往來參錯，具有而實無。如日
月之光，萬物畢照，入松穿竹，歷歷皎皎，而日月無思。**⓮**

　　在楊簡看來，許多人因「思」因「慮」而起「意」，也就是說，
人們在思索事情、解決問題、決斷外物時，因物而動「心」，「心」
被「物」引著走。所以由「意」而起欲，由欲而違善。而不起「意」
者，他們也要與外物接觸，也要在日用倫常之間生活，要去解決甚
多的問題，但是，他們能即物而不滯於物，不是「物」引起「心」
動，而是以寂然不動之「心」去規範萬物萬事。這就猶如「明鏡」，
萬物畢照，雜亂紛呈，而鏡本身無所動；又猶如日月之光，輝映萬
物，照而不滯，行雲流水，無思無慮。

　　這樣，慈湖先生實際上指明了要維護「心」的至高至尊至完整
性，就必須「絕意」。在其重要的哲學著作〈絕四記〉中，他全面
地闡述了這方面的思想，他寫道：

　　人心自明，人心自靈，意起我立，必固礙塞，始喪其明，始失
　　其靈。孔子曰與門弟子從容問答，其諄諄告戒止絕。學者之
　　病，大略有四：曰意曰必曰固曰我。門弟子有一於此，聖人必
　　止絕之。毋者，止絕之辭。知夫人皆有至靈至明廣大聖智之
　　性，不假外求，不由外得，自本自根，自神自明，微生意焉。
　　故蔽之有必焉，故蔽之有固焉，故蔽之有我焉，故蔽之昏蔽
　　之端盡由於此，故每每隨其病之所形而止絕之曰：毋如此。**⓯**

⓮　《慈湖先生遺書》卷三，〈蔣秉信墓銘〉

⓯　《慈湖先生遺書》卷二，〈絕四記〉

　　楊簡的「絕四」之論，有二個基本點：一是人「心」的自明自靈，人起「意」則遮蔽、礙塞了人之完滿之「心」，此時就必須「止絕之」。　其二，此「止絕之」完全是自我的靈魂深處除「意」、除「必」、除「固」、除「我」，人們決不要企圖從聖人處或外部獲得至尊，獲得完滿之「心」。　一切外在的教化、學習，都不過是啟蒙「本心」而已。在這個問題上，楊簡給人以充分的主動性、積極性，他強調的是人們要自己去自明本心，自己去止絕意、必、固、我。

　　那麼，何謂「意」、「必」、「固」、「我」？ 又如何「止絕之」？

　　關於「意」，慈湖先生寫道：

> 何謂意？微起焉皆謂之意，微止焉皆謂之意。意之為狀不可勝窮：有利有害，有是有非，有進有退，有虛有實，有多有寡，有散有合，有依有違，有前有後，有上有下，有體有用，有本有末，有此有彼，有動有靜，有今有古。如此之類，雖窮日之力，窮年之力，縱說橫說，廣說備說，不可得而盡。❻

　　可見，楊簡所謂「意」，實為人們對事與物的分辯、區別。使事在價值判斷和取捨上有利害是非，有進退虛實，有多寡散合依違等等；使物在時空上有前後上下，有體用本末，有此彼動靜今古等等。既然明辯了，人們必會去趨利避害，必去爭是去非，必去取這拒那，去搶去奪，獲得有利於己的狀態，堅拒與己不利的結果。所以慈湖接著說：

> 然則心與意奚辯？是二者未始不一，蔽者自不一。一則為心，

二則為意；直則為心，支則為意；通則為心，阻則為意。直
心直用，不識不知，變化雲為，豈支豈離，感通無窮，匪思
匪為。孟子明心，孔子毋意，意毋則此心明矣。心不必言亦
不可言，不得以而有言。孔子不言心，唯絕學者之意而猶曰：
子欲無言。則知言亦病，言亦起意，姑曰：毋意。❶

　　可見，「心」是「支」與「離」的反面，是「一」的狀態，無
不順暢；而「意」則是人們在現實生活中的各種區分，及由此而採
取的滿足私欲的行為。在慈湖看來，言語本身即是一種「支離」，
「心」（「一」）的狀態是不可言說亦不必言說的。人們保有的清明
湛然之「心」，是很難用日常語言來表述的；而人們溺於言說，用
一堆概念名詞企圖去把握「心」（「一」），不唯徒勞，而又害之。尤
其是，人們在日常生活中，通過語言去確定事物的價值，由此引發
私欲，引發爭搶的行為，所以「言亦起意」，害「心」其大焉。但
是，人們若勉強起「無意之意」，亦是一種病，因為「無意之意」
仍是一種「意」，試圖強行抑制住自己的「意」，是「求心未脫乎意」。
真正的「毋意」是什麼呢？慈湖說：

　　……直心直意，匪合匪離，誠實無他，道心獨妙；匪學匪索，
　　匪粗匪精。一猶贅詞，二何足論。十百千萬，至於無窮，無
　　始無終，非眾非寡，姑假以言之一貫。愈辯愈支，愈說愈離，
　　不說猶離。況於費辭，善說何辭，實德何為，雖為非為，我
　　自有之，不可度思。……❷

---

❶　《慈湖先生遺書》卷二，〈絕四記〉

❷　《慈湖先生遺書》卷二，〈絕四記〉

　　慈湖先生的「毋意」之說，提供給人們的是一種不可言狀的粹然至善的境界，此「心」，此「一」，超乎人間言語之上之外，無法分析、描述和判斷，任何「善辭」、「善說」都是對此境界的背離。楊簡的「毋意」若勉強描述之，是這樣的：人們在萬物包圍中從容悠然，在萬事抉擇過程裡直心而發，毫無滯礙。以我之本「有」，應世間繁雜紛紜之物事。許多論者指慈湖之說為「禪學」，此實有誤，禪學是「出世不離世」，慈湖是「入世而出世」。盡得天地之心之妙，而又不離日用倫常。慈湖先生以「鑒」為例：

> 鑒未嘗有善惡而亦未嘗無善惡，鑒未嘗有洪纖而亦未嘗無洪纖，吾心未嘗有是非利害而亦未嘗無是非利害。人心之妙，曲折萬變，如四時之錯行，如日月之代明，何可勝窮，何可形容，豈與夫費思力索，窮終身之力而茫然者同。❶❾

　　明境自身純潔光亮無善惡是非，但卻能善惡是非畢現，此即「未嘗有而亦未嘗無」；人之「心」本無是非利害，卻能洞悉是非利害，此即「未嘗有而亦未嘗無」。有與無之間，有與無的完全自然的融匯貫通，即達到了「毋意」，即達到了「心」(「一」)之最高存在境界。

　　其次，何謂「必」？又如何去之呢？慈湖先生說：

> 何謂必？必亦意之必，必如此必不如彼，必欲如彼必不能如此。大道無方，奚可指定以為道在此則不在彼乎？以為道在彼則不在此乎？必信必果，無乃不可斷，斷必必自離自失。❷⓪

---

❶❾　《慈湖先生遺書》卷二，〈絕四記〉

❷⓪　《慈湖先生遺書》卷二，〈絕四記〉

可見，「必」實即一種「意」，是人的一種固執己見的思和行。「大道」無象無形，何處不有，何時不在，人們固執地以為一定要如此去做，一定要不如此去做，都是背道之舉。因此，「意」要「絕」，「必」則要「斷」。「斷」者，乃決然去之也。

再次，何謂「固」？又怎樣去之呢？

慈湖先生緊接著指出：

> 何謂固？固亦意之固，固守而不通，其道必窮；固守而不化，其道亦下。孔子嘗曰：我則異於是，無可無不可。又曰：吾有知乎哉？無知也。可不可尚無，而況於固乎？尚無所知，而況於固乎？㉑

「固」仍然是一種「意」，死認某種準則不知損益變化，窮而不通，守不知變。在楊簡處，「固」之反面顯然是儒者推崇的「中庸」之德。即人們以不偏不倚、至中至正之道應世接物，這是一種靈活而非板滯的生活態度，是一種從容中道的本體狀態；反之，固執己「意」，以個人好惡為「道」，且持而守之，必失「道」失「心」失「一」。

最後，何謂「我」，又如何去之呢？

慈湖先生寫道：

> 何謂我？我亦意之我，意生故我生、故我立；意不生我亦不立。自幼而乳，曰我乳；長而食，曰我食，衣曰我衣，行我

行，坐我坐，讀書我讀書，仕宦我仕宦，名聲我名聲，行藝我行藝。牢堅如鐵，不亦如塊，不亦如氣，不亦如虛，不知方意念未作時，洞焉寂焉，無尚不立，何者為我？雖意念既作，至於深切時亦未嘗不洞焉寂焉，無尚不立，何者為我？ **㉒**

「我」者，個體之人的自我意識也，是人們立於個我的立場去認知和生活。人間社會中的一般事物，如吃喝拉撒、行走坐臥、讀書為官、名譽地位技藝等等，都必須有個主體，即「人」。 所以，每個人直接感受到的就是「我」在干什麼或不干什麼，得到什麼或失去了什麼，有什麼或沒有什麼。這種固執地執著於「我」的現象，在楊簡看來，錯莫大焉。當人們無「我」意之時，才能深切地體驗天地如一、萬物如一、人我如一的「洞焉寂焉」的境界；而人有「我」， 則刻意區分萬物，辨別萬事，又如何與天地為一、萬化為一呢？所以，慈湖先生諄諄教導大家說：

> 蓋有學者自以為意必固我，咸無而未免乎。行我行，坐我坐，則何以能範圍天地，發育萬物？非聖人獨能範圍而學者不能也，非聖人獨能發育而學者不能也。聖人得我心同然爾，聖人先覺學者後覺爾。一日覺此心無體，清明無際，本與天地同範圍，無內外發育，無疆界。學者喜動喜進喜作喜有，不墮於意則墮於必，不墮於固則墮於我。墮此四者之中，不勝其多。 **㉓**

㉒ 《慈湖先生遺書》卷二，〈絕四記〉

㉓ 《慈湖先生遺書》卷二，〈絕四記〉

楊簡之深意，是促人超越肉體之小我，成為宇宙之大我。當人們覺悟本心清明純善，無邊無涯，無始無終之時，便於天地宇宙相合一，範圍天地，發育萬物，何存乎「意」? 何存乎「必」? 何存乎「固」? 何存乎「我」? 所謂「聖人」即先達此境界之人，所謂「學者」即正朝此境界努力之人。

歸而言之，「意、必、固、我」皆自明自靈之「心」的礙塞，故必須堅決「止絕之」。當人起「意」時，必蔽，蔽則產生「必」，「固」，「我」。在四者當中，止絕「意」顯然是最為重要的，無「意」，則「必」、「固」、「我」都除去之矣。在慈湖處，這種去蔽復明的功夫，決非外求，而是尋之本心，最終由「小我」、「個我」而進於「大我」、「無我」。

三、慈湖「心」論之檢討

（一）如何理解慈湖之「心」論的空靈性

慈湖之「心」論自身即是由體悟而來。他曾回憶說：「某積疑二十年，先生（著者案，指陸九淵）一語觸其機。某始自信其心即道，非有二物；始信天下之人心皆與堯舜禹湯文武周公孔子同，皆與天地日月四時鬼神同。」❷❹這種體悟建立的基礎是「積疑甚久」，達二十年，然後在陸子靜一語點撥下，忽然大悟。楊氏的大悟建立的基礎是視人之精神與人之肉體是可分可合的。每個正常的人，皆有肉體，亦有精神。在楊簡看來，未覺悟者，只以己之精神為己之肉體的精神；而覺悟者則意識到己之精神可以超越己之肉體之外，

---

❷❹ 《慈湖先生遺書》卷二，〈二陸先生祠堂記〉

與天地宇宙之精神合同為一，與古今聖賢之精神合同為一。二種不同的境界導致的人生態度及行為都大不一樣：前者既然視己之「心」只是己之精神，便動「念」動「意」動「思」，孜孜於求利求名，忙忙碌碌於世俗肉欲的滿足；而後者既然視己之「心」乃宇宙之精神、聖賢之精神，便靜寂湛然，無念無意無動，思慮行為自然合符大道，合符萬古不滅之聖賢的真傳。

因此，楊簡之「心」論的主要目的，便在於教導世人體悟自己本有之「心」的超時空性和自善自足之完整性，他說：

> 學者當知，舉天下萬古之人心皆如此也。孔子之心如此，復齋之心如此，象山先生之心如此，金溪王令君之心如此，舉金溪一邑之心如此。學者當自信，毋自棄毋自疑，意慮倏起，天地懸隔，不識不知，匪合匪離；直心而往，自備萬善，自絕百非，雖無思為，昭明弗遺。❷❺

慈湖先生實際上也意識到了，要人們覺察「舉天下萬物之心皆如此」非常困難。展目望去，天下熙熙攘攘的人何者不異於己？況千萬年前之人和千萬年後之人，更是與己大不一樣。慈湖先生之「心」論要在使人透過肉體之「小我」的異，直接參悟本心之「大我」的同。而此境界的達到，當然也不可能通過分析的邏輯的途徑，只能從「自信」、「直心而往」等非邏輯的方式達到。

現代人受科學主義的薰陶，籠罩在一個邏輯之網的控制下，自然對楊氏之「心」論很難理解，更遑論接受了。而且，若人們僅僅從邏輯的分析哲學的角度去闡發慈湖之「心」論，便會差之毫釐，

---

❷❺　《慈湖先生遺書》卷二，〈二陸先生祠堂記〉

失之千里了。實際上，從宏闊自我的胸襟，提升自我的精神境界，體悟我之生命與自然宇宙的大生命匯融為一、與人類之生命息息相關，從而協調物我、人我之關係，緩和緊張，獲得某種終極性的精神愉樂，慈湖的「心」學當有極大的啟迪作用。

（二）怎樣看待慈湖「絕四」的「心學」修養之方

在中國思想史上持自「心」為至善至完滿者，一般都承繼於孟子（子輿，約公元前372－前289年）的「性善論」，但任何類型的「性善論」必遇上兩大難題：一是尋找到惡人惡事為何存在的原因；二是人們道德修養何以必須？

孟子云：

> 乃若其情，則可以為善矣，乃所謂善也。若夫為不善，非才之罪也。惻隱之心，人皆有之；羞惡之心，人皆有之；恭敬之心，人皆有之；是非之心，人皆有之。惻隱之心，仁也；羞惡之心，義也；恭敬之心，禮也；是非之心，智也。仁義禮智，非由外鑠我也，我固有之也，弗思耳矣。故曰：「求則得之，舍則失之。」或相倍蓰而無算者，不能盡其才者也。❷⁶

孟子所持的性善論是從人之天賦、先驗的角度而言的，因此，在他看來，現實中許多人不善，成為惡人，做盡壞事，並不能歸罪於他們先天的資質，關鍵在人們能否充分發揮、顯露和擴充自我的

---

❷⁶　《孟子・告子上》

善性。

孟子此論，一方面把人的先驗之善性當做不言而喻之事，另一方面又說明了惡人惡事存在的原因，即「不能盡其才」，從而又隱含了這樣一層意思：人雖有先天的善性，但乃須在後天的活動中發揮本具的資質，所以道德修養和道德踐履就是必須的。這種解釋固然有其道理，且對後世儒者的看法產生了相當大的影響，但人們還是難以接受這樣一個事實：人本性至善，卻可能在現實社會中成為十惡不赦的罪人。所以，荀子（況，約公元前313－前238年）反對孟子性善論，提出他鮮明的「性惡」論，他說：

> 人之性惡，其善者偽也。今人之性，生而有好利焉，順是故爭奪生而辭讓亡焉；生而有疾惡焉，順是故殘賊生而忠信亡焉；生而有耳目之欲，有好聲色焉，順是故淫亂生而禮義文理亡焉。然則從人之性，順人之情，必出於爭奪，合於犯分亂理歸於暴。故必將有師法之化，禮義之道，然後出辭讓，合於文理而歸於治。由此觀之，然則人之性惡明矣，其善者偽也。❷❼

孟子眼中看到的是人天生即有「惻隱之心」、「羞惡之心」、「恭敬之心」、「是非之心」；而荀子則發現人生下來即是「好利焉」、「疾惡焉」。有「耳目之欲」、「聲色」之好，所以前者堅持性善，後者咬定性惡；前者認為一個人要成為善人賢者，不過是覺悟、顯露、擴充本性而已；而後者則指出，善人善行的出現必待教化和嚴刑不可。

---

❷❼ 《荀子·性惡》

二個極端的看法提出來了，自然會出現許多綜合者，唐代的韓愈（退之，公元768－824年）承漢代王充（仲任，公元27－約97年）、荀悅（仲豫，公元148－209年）等人的「性三品」論，指出：

> 性也者，與生俱生者也；情也者，接與物而生者也，性之品有三，而其所以為性者五；情之品有三，而其所以為情者七。曰何也？曰：性之品有上中下三，上焉者，善焉而已矣；中焉者，可導而上下也；下焉者，惡焉而已矣。其所以為性者五：曰仁、曰禮、曰信、曰義、曰智。上焉者之於五也，主於一而行於四；中焉者之於五也，一不少有焉，則少反焉，其於四也混；下焉者之於五也，反於一而悖於四。性之於情，視其品。情之品有上中下三，其所為情者七：曰喜、曰怒、曰哀、曰懼、曰愛、曰惡、曰欲。上焉者之於七也，動而處中；中焉者之於七也，有所甚，有所亡，然而求合其中者；下焉者之於七也，亡與甚，直情而行者也，情之於性，視其品。❷⑧

韓愈的「性三品」論頗為複雜，在他看來，人之本性具備仁、禮、信、義、智的事實不可動搖，但同為本性善之人，與此五者中或兼而有之，或悖反淪落之，這就區分出了上、中、下三種類型的人。人不僅有本具之性，還有接於物而生之情，表現為日常生活中的喜怒哀懼愛惡欲，人們與此七者中或能中節或過之與不及，由此亦把人區分為三種等級，韓愈的這種說法，使社會上的善惡狀況的複雜性得到了系統的理論說明。

---

❷⑧　韓愈《原性》

　　至宋儒，性論一轉而與「氣」聯繫在一起，朱子（元晦，公元
1130－1200年）云：

　　　　論天地之性，則專指理言；論氣質之性，則以理與氣雜而言
　　　　之。未有此氣，已有此性；氣有不存，而性卻常在。❷❾
　　　　性命，形而上者也；氣則形而下者也，形而上者，一理渾然，
　　　　無有不善；形而下者，則紛紜雜揉，善惡有所分矣。❸⓿

　　「理」為渾然一片，無有不善，人稟是理而生，自然為善；但
獨有「理」而不能生人，須「理」與「氣」雜而生人生物。而「氣」
有清濁，所以氣聚而成之人便有了善惡之別了。朱子一派儒者大都
認為，稟其氣清者為善為賢，稟其氣濁者為愚為不善。去惡為善全
在改變氣質之性，而決不能去損益「天地之性」。

　　總而言之，中國思想家往往是從人性的先天結構方面去尋求善
的確定性，如孟子的性善論，韓愈的性三品說，及朱子的「天地之
性」；同時又從人後天的接於物，動於情，稟於清濁之氣的方面去
探求惡存在的必然性和人們道德修養的重要性，如孟子的「非才之
罪」、韓愈的「情者七」和朱子的「氣質之性」。

　　在慈湖眼中，這些理論無疑都是「裂之」，而非「一之」；都或
多或少地隱含有人為惡的必然性，這是他極力反對的看法。因為，
若荀子性天生即惡的說法正確，若韓愈下等品性存在的話，若朱子
有為惡可能的氣質之性本然具有的話，都不可能是「人皆可以為堯
舜」，而且使現實當中的人不為善而為惡尋找到了先天性的藉口，這

───────────────

❷❾　《朱子語類》卷四
❸⓿　朱熹《明道論性說》

是慈湖先生所無法容忍的，他說：

> 至道在心，奚必遠求。人心自善自正自無邪自廣大自神明自
> 無所不通，孔子曰：心之精神是謂聖；孟子曰：仁人心也。
> 變化云為，興觀群怨，孰非是心，孰非是正，人心本正，起
> 而為意而後昏，不起不昏。直而達之，則關睢求淑女以事君
> 子，本心也；鵲巢昏禮天地之大義，本心也；柏舟憂鬱而不
> 失其正，本心也；柏舟之矢言摩它，本心也。由是心而品節
> 焉《禮》也，其和樂《樂》也，得失吉凶《易》也，是非《春
> 秋》也，達之於政事《書》也。逮夫動乎意而昏，昏而困，
> 困而學。……㉛

　　人之「心」是絕對的善，它超越時空，無處不在，無所不通，
又怎麼可能如荀子言的性惡呢？又如何會存在所謂下品之性的人呢？
也絕然不會在先驗人性的結構上即隱含著所謂可能為惡的「氣質之
性」。但楊簡也不能否認世上存在著眾多的惡人惡事，他也看到了
道德修養的極端重要性，因此他提出了「意」的問題。「意」是人
心在外物引誘下的「動」，此「動」完全偏離了本心之善的軌道，
從而出現了物欲，出現了為惡之人。故而，人必須「絕四」：意、
必、固、我。其中關鍵與核心仍然是「絕意」。此「止絕之」實即
慈湖先生的道德修養論。如此的話，慈湖先生在沒有妨礙人本心之
至善的前提下，解決了性善論的兩個理論困難，即：為何有惡人惡
事；道德修養何以必要。他充滿信心地說：「楊某深信人性皆善，
皆可以為堯舜，特動乎意則惡。日用平常實直之心無非大道，此固

㉛　《慈湖先生遺書》卷一，〈詩解序〉

不可得而書。」❸

慈湖先生「絕四」的心性修養方法，的確直截了當，這與其直承孟子及陸子靜的學說不無關係。其抓住「意」而引出人之蔽，引出人之惡的做法，有助於人們堅定對自我的信心，有助於社會教化對人思慮及行為的矯正，尤其是使那些做了壞事者，那些惡人沒有繼續墮落下去的藉口。在當今社會，仍然需要喚起人們的「天地良心」，仍然需要堅定人們對本性善的體認，如果這個社會需要健康發展的話。在根本上而言，人本性善，「人皆可以為堯舜」等看法也不是一個科學上可以或不可以證明的命題，而是一種人的價值確認；不是一種是不是的問題，而是一種相信與否的問題。所以，從當代社會穩定和諧發展的需要出發，人「本性為善」的肯認仍然值得提倡。

---

❸ 《慈湖先生遺書》卷一，〈鄉記序〉

第五章 慈湖之「知」論

慈湖之「一」論解決了萬物萬理生命的本真問題；慈湖之「心」論說明了此本真即人之自「心」。至此，慈湖的思想仍然高懸於形而上學，如何使芸芸眾生體會到這一點，認識到這一點，使之真正顯現於人倫日用之間，就成為慈湖下一步所必須解決的問題。

慈湖之「知」論從學問之道的論述入手，證明所謂認知不是對外物的知識性分析和獲取，而是「求放心」而已；所以，學問之方法就決非孜孜以求地觀察外物、剖析外物，而是「明心」，做到「吾心自瑩」。這樣，慈湖就把世人的求知活動轉換成了境界的修養論，由求知到「求放心」，由「求放心」到「自覺自悟」，這構成了慈湖完整而特殊的知識論。

一、為學之道：「求放心」

宇宙無窮之廣闊，世界無限之複雜，以萬物之靈自居的人類天生即有窮究萬物的嗜好，但在許多較悲觀的思想家看來，以人之有限生命、有限形體和智力，企圖把握宇宙及世間之全部奧妙，完全是徒勞的；而另一些思想家則比較樂觀，他們認為，無限雜多的萬物萬事有其最根本的東西，人認識這一本質，掌握這一本質，也就相當於認識了萬物和萬事。慈湖屬於這後一類比較樂觀的思想家，但他與前一類思想家又有相似之處，即：堅決反對人們去觀察、研

究外界之物、世間之事。在他看來，所謂的「知」，就是對「道」的「知」。他說：「知道始可言知，不知道何足以言知。」❶這是說，一個人知道的事情再多，了解的自然現象再多，亦構成不了「知」與「識」。所謂的「知」，就是指知「道」而言的。慈湖先生寫道：

> ……當知夫學問之道無他，求其放心而已矣。但夫放逸則勞他求，他求則成放，他求則成勞。是心安有說無勞無苦？是心初無奇初無心，則吾目視耳聽手持足履口語心思之心。此心非物，無形無限量無終無始無古無今無時不然，故曰無時不習，時習之習非智非力，用智智有時而竭，用力力有時而息，不竭不息，至樂之域。❷

　　慈湖首先規定了人認知的對象為「道」、為「心」，而此「心」非一實存之有限之物，而是超時間與空間的無形無象的精神性存在，那麼體認此的方式就決不能借助於理性，因為「智有時而竭」，人的聰明才智確有山窮水盡之時；也不可依賴於刻苦用功，因為「力有時而息」，人的體力確會有耗竭之日。所以，人的認知不是去求取外物之知，而是體之內「心」；勉強去「求」，且不談此求有無限之勞累，而恰恰說明了人自「心」已放逸了。這樣，慈湖就把認識萬物轉變成「識」此「心」，「識」此「心」又只能是悟自「心」，真正做到了，便能至「至樂之域」。因為，當人們悟「心」之後，便能推而廣之去識宇宙萬物之理，並進而範圍天地、發育萬物，體會那無一物非我的至喜至樂。慈湖先生繼續推論道：

---

❶　《慈湖先生遺書》卷二，〈歸然齋記〉

❷　《慈湖先生遺書》卷一〇，〈家記四・論論語上〉

曲禮曰：毋不敬，儼若思安定辭安民哉。人心即道，不假外求，放逸慢易則失之，故曰：毋不敬。毋不敬則常清常明，儼然若有所思而非思也。無思非冥然而昏，如日月無所不照而非思也。孔子不知老之將至，皜皜乎不可尚已，純然渾然，即此妙也。顏子三月不違仁，即此妙也。月至者終月如此，日至者終日如此。老子曰：我獨泊兮其未兆。未兆者，念慮之未形也。學者求斯須思慮暫止不能，而老子能久持之。曾子戰戰兢兢，亦入此妙也。❸

既然人「心」即道，故不可外求，亦不能内在強求。在慈湖看來，外求固然犯了茫然不知何處求之錯，而内求亦陷勉強人為求取之誤。知「道」體「心」，決不可起思起念，但無思無念又非什麼都不思什麼也不念，而是一種隨順人本然之心的無做作無追逐無邪念的狀態。慈湖深知語言無法完全描摹此種狀態，故舉日月無所不照卻毫無思慮為例來說明之，並認為孔子不知老之將至的純然渾然即此境界，而顏回（子淵，公元前521－前490年）三月不違仁、曾子（子輿，公元前505－前436年）之戰戰兢兢亦達此境界。在慈湖的眼中，由人對外物感覺和知覺之後產生的「念」與「慮」，實妨礙人對本「心」的體認，摒除「念」與「慮」，人們才能識「道」體「心」，獲得最根本的東西。慈湖又指出：

帝堯光宅天下之光，如日月之光，無思無為，寂然不動而自足以默化天下之民，自足以默安天下之民。文王之不識不知

---

❸　《慈湖先生遺書》卷九，〈家記三・論禮樂〉

而德化自足以及廣者，此光也，易言聖人以神道設教而天下
服者，此光也。謂之神者言乎其不可以智識，不可以力為也，
然此非於聰明文思之外復有所謂光也。堯之聰明文思非出於
人為，非由於造作。耳不蔽於聲而自聰，目不蔽於色而自明。
聰自無所不聞，明自無所不見，使胸中微有意有我，則外物
必得以蔽之。惟其無意無我故虛故明，故不得而蔽，故無所
不通。❹

　　在認識論上，去「蔽」為極重要的功夫。大凡每個人的感官和
心智都有其長，亦有其短，加之素質不同，感悟力有別，對事物的
認知總有所不足。先秦荀子曾專著〈解蔽篇〉闡明去蔽之法，他說：

　　欲為蔽，意為蔽；始為蔽，終為蔽；遠為蔽，近為蔽；博為
　　蔽，淺為蔽；古為蔽，今為蔽。凡萬物異，則莫不相為蔽，
　　此心術之公患也。❺

　　這是說，凡人之愛惡的情感，先入之見等主觀因素易引起人心
之蔽，而客觀上的遠近高下深淺等之區別，亦造成心術之患。所以
荀子主張要「虛一而靜」：「不以所已藏害所將受，謂之虛；不以夫
一害此一，謂之壹」。❻慈湖「去蔽」的看法顯然與荀子的思想有承
續的關聯，但亦有不同之處。荀子極力去的是「心」的本有和後有
之「知」，　認為它們會扭曲人們對外物的客觀看法，故是「心術之

---

❹　《慈湖先生遺書》卷八，〈家記二・論書〉
❺　《荀子・解蔽篇》
❻　《荀子・解蔽篇》

患」；而慈湖認此心自滿自足自善，人能識和當識僅此「心」而已，當然決不會如荀子那樣，要去除心中的本有之知。相反，慈湖知識論的全部意圖即在使人通過體認自心而保有此「心」、光大此「心」。故而，慈湖的「去蔽」即是除「意」。「意」是外物引誘而產生的心動，此「動」才是「心術」之大患。慈湖認為，要使人心虛明澄徹，如日月之光，澤被萬物而無思無為，就必須「無意」、「無我」，由「不蔽」而「無所不通」。

慈湖區分出兩種性質完全不同的認知：

1. 是所謂「智識耳」，即對客觀外界事物的認識。
2. 是所謂「聖人之真知」，即對本然之「心」的體認和自然合一。

他說：

> ……然則聖人果有知乎？果無知乎？曰：無知者。聖人之真知，而聖人知之實無知也，如以為聖人之道實可以知之，則聖人之道乃不過智識耳，不過事物耳；而聖人之道乃非智識非事物，則求聖人之道者不可以知為止。然以聖人之道為可以知者，固未離於知；以聖人之道為不可知者，亦未離於知。惟其猶有不可知之知非真無知也，聖人之真無知非智識之所到，非知不知所能盡，一言以蔽之曰心而已矣。此心非知非不知，苟明此心，自然非知不知之所及，此之謂真無知。不得此心而求無知，則愈無知愈多知。去卻一重障又有一重籬，不如休心無作，即心自是妙。❼

在慈湖處，真正的真知乃是對本心的體會，所以，人之聰明才

---

❼ 《慈湖先生遺書》卷一一，〈家記‧論論語下〉

智再高，不足以言知；人對外物認識得再細密、深入，亦不足以言知。所以，「聖人之道」就一般的認識層面而言，是不可知之「道」，只能以「無知」來知之。但是，「無知」又非完全的「無知」。慈湖認為，許多人沒有深解《論語》中孔子所言：「吾有知乎哉？無知也」，一味追求「無知」的狀態，此亦是偏。「愈無知」是「障」，「愈多知」亦是「籬」，它們都是認知上的「病」。因為「聖人之無知」並非是知識論上所說的那種對事物一無所知的「無知」；雖然許多人所識甚多甚廣甚精，但在本然之知的層面上卻非「有知」。因此，慈湖之意在使人拋卻一般知識論上的「有知」和「無知」，復返本然之知，亦即復返「本心」，此復返不是外求「有知」或「無知」，而是一種「呈現」，是「本心」自有的內涵完整地全部地展示出來，這叫「即心自是妙」。「心」至「虛」至「空」，但又至「實」至「有」，它似乎無法捉摸，可又實實在在。慈湖先生說：「心無異，心即目視耳聽之心，手握足行之心，自是不可知不可限量不可形容也。」❽人生活中、行動裡本心的直接呈現便是真知，其與古聖賢之「心」同，千秋萬代之後，此「心」仍然相同。「心」至高而又至為平常，至神而又實在切近，識此便為「無知之知」，便為「聖人之真知」。

慈湖先生舉例說明「無知之知」的妙處：

> 臨川張元度以鄉舉至禮部，持陸先生書踵門就見。接其辭氣，已知其誠確可敬，及復見，益知其篤志於學。蓋夜則收拾精神，使之於靜。某曰：元度所自有本自全成，何假更求？視聽言動不學而能，惻隱羞惡恭敬是非隨感輒應，不待詔告，

清明在躬，廣大無際，精神四發，不疾而速，不行而至。收
之拾之乃成造意，休之靜之猶是放心。學問之道無他，求其
放心而已矣。吾心本無妄捨，無妄而更求，乃成有妄，故曰
無妄之往何之矣。元度猶自以為未能無過，某曰：有過惡即
改。元度精神何罪而收拾之？ ❾

　　在慈湖看來，元度先生學問修養皆有所成，但仍未達到自如的
境界，仍未獲得「無知之知」的妙處。其關鍵在於，人一定要堅信
「本心」的自知自全自善，亦是至完滿至靈明至神聖的，因此，人
又何必去好知好學好賢好善？又怎能去「收拾精神」？人之「心」
本無妄，勉強抑之制之，希望以此來無妄，實則恰恰帶來了妄；人
心本「靜」，收之拾之，希望達到寂然不動之境界，可這恰恰就是
「意」，就是「放心」。前者是人求「知」帶來的弊端，後者是人求
「無知」帶來的偏頗。慈湖指出，人之視聽言動從心而發，人之惻
隱羞惡恭敬是非從心而發，不假思慮，不待勉強，即是己之「心」
的自然發布流行，這才是真正的「無知之知」。
　　慈湖先生的學問之道，明顯承自孟子和陸子靜。孟子提出了「求
放心」的問題，指出：「仁，人心也；義，人路也。捨其路而弗由，
放其心而不知求，哀哉！人有雞犬放，則知求之，有放心而不知求！
學問之道無他，求其放心而已矣。」❿很顯然，孟子的「求放心」之
論雖然出自其想維護人心至善的意圖，但他把「人心」比喻為一種
物，人會失去，所以會做違背仁義之事，這又與其意願相悖了。因
為，孟子反覆強調人性善的先天性，那麼，這種本有之心性又如何

---

❾　《慈湖先生遺書》卷三，〈與張元度〉
❿　《孟子・告子上》

能「失之」呢？慈湖實際上已經意識到這一理論上的矛盾，他雖然
仍然沿用孟子「求放心」的說法，但決不認為人本有之純善的心性
會喪失掉，而是認為人起意、人勉強去「收之拾之」、「休之靜之」
就是「放心」，可見，此「放心」不過是「起意」的別稱，絲毫不
妨礙人心性的至高至完滿和至善的存在。

　　這是慈湖對孟子認知理論的發展和完善。

二、為學之方：「塵去鑑自明」

　　慈湖反覆強調了人的認知不過就是「求放心」，但究竟怎樣「求
放心」，用什麼方法才能達到「求放心」，這是他要解決的又一個難
題。慈湖在這個問題上，對先儒頗多批評，尤其對河南程氏的「窮
理」之論極為不滿，他說：

> ……程氏倡窮理之說，其意蓋謂物不必去，去物則反成偽。
> 既以去物為不可，故不得不委曲遷就而為窮理之說。不知書
> 不盡言，言不盡意，古人謂欲致知者在乎格物，深病學者之
> 溺於物而此心不明，故不得已為是說。豈曰盡取事物摒而去
> 之耶？豈曰去物而就無物耶？有去有取，猶未離乎物也。❶

　　在如何獲得「理」的問題上，程顥曾把「格」釋為「至」：「致
知在格物，格，至也，窮理而至於物，則物理盡。」❷既然「格」為
「至」意，窮理就要在「物」上去「窮」，所以人在認知過程中絕

---

❶　《慈湖先生遺書》卷一〇，〈家記・論論語上〉

❷　《二程語錄》

不能去「物」。而慈湖則反對此說，他把「格」釋為「去」：「格有
去義，格去其物耳」。所謂「去物」，當然不是摒去世間萬物，也不
是達到所謂「無物」之狀態，在慈湖看來，刻意「去物」，必然就
有「取物」之傾向，此都未離乎「物」，故都不可能獲至理至道。那
麼，正確的為學之方是什麼呢？慈湖云：

> 格物之論，論吾心中事耳。吾心本無物，忽有物焉，格去之
> 可也。物格則吾心自瑩，塵去則鑑自明，滓去則水自清矣。
> 天高地下，物生之中，十百千萬皆吾心耳，本無物也。天下
> 同歸而殊途，一致而百慮，天下何思何慮。事物之紛紛，起
> 於念慮之動耳。思慮不動，何者非一，何者非我？思慮不動，
> 尚無一與我執，為衣與食，必如此而後可以謂之格物，格物
> 而動於思慮，是其為物愈紛紛耳，尚何以為格。若今日格一
> 物，明日又格一物，窮盡萬理乃能知至，吾知其不可也。程
> 氏自窮理有得，遂以為必窮理而後可，不知其不可以律天下
> 也。❸

　　慈湖把「物」釋為「事」，故「格物」轉換成了「去事」。「事」
者，人間之事也，有人才有「事」，有人之思慮才有「事」。在慈湖
看來，世間紛紜複雜的萬物都可歸之於「事」，「事」在人心中引起
萬千思慮，去除思慮，則萬「事」沒，萬「事」沒則萬物寂，萬物
寂則「物格」矣；反之，思慮紛紛，則萬事「雜」呈，「事」萬則
「物」萬，即便「今日格一物，明日又格一物，」又如何能以有限
生命之人去格盡天下無窮之物？所以，慈湖將息「意」之後的寂靜

❸　《慈湖先生遺書》卷一〇，〈家記四・論論語上〉

之「心」喻為無塵埃之「鑑」，無渣滓之「水」，「心」晶瑩剔透，
則萬物萬理萬事畢照，無不洞悉，無不自現其「理」矣！慈湖有一
先在的不可動搖的設定：任何物與事，其本皆在「一」；　人之本亦
為「一」，　此「一」與彼「一」本自天然合一，不須絲毫勉強。不
明者，試圖從不勝其繁的萬物萬事中去尋求至理，豈不殆矣？這樣，
慈湖將認識論改換成了「明心」之修養論：

> 孔子曰：道不遠人，人之為道而遠人，不可以為道。至哉，
> 聖言破萬世學者心術之蔽，可謂切中人心。即道學者自以為
> 遠，易曰：百姓日用而不知。惟其不知，故人以道為遠，則
> 求道於心外，不免有所為。道在我而求諸彼，道不俟於為而
> 求諸為，夫是以愈求愈遠，愈為愈遠，萬古之學者，其蔽一
> 也。舜曰：道心，明心即道。易曰：日用奚俟復求。棄心而
> 之外，棄道而入意，意慮紛然有作有為而益昏益妄矣。❶❹

　　「為道」者，即孜孜於外求道也。慈湖認為「道學者」的求知
方法就是「為道」，會越求越「遠」，所以全都錯了。朱子曾對「格物
致知」的問題發表了一通宏論：「所謂致知在格物者，言欲致吾之
知，在即物而窮其理也。蓋人心之靈，莫不有知，而天下之物，莫
不有理。惟於理有未窮，故其知有不盡也，是以大學始教，必使學
者即凡天下之物，莫不因其已知之理而益窮之。以求至乎其極，至
於用力之久，而一旦豁然貫通焉，則眾物之表裡精粗無不到，而吾
心之全體大用無不明矣。此謂物格，此謂知之至也。」❶❺朱子把人

---

❶❹　《慈湖先生遺書》卷一三，〈家記七・論中庸〉
❶❺　朱熹《大學章句補格物章》

「心」視為至靈的認知器官，而萬物皆內涵至理，人們以至靈之「心」去格蘊至「理」之物，經過長年累月的刻苦「窮之」，終至能在某時某刻豁然貫通，對物之表裡精粗，以及吾心之「體」之「用」能無不明晰。這是典型的「道問學」的認知之方。慈湖先生則不同，他堅持認為，「道」不遠人，「道」即人之「心」，所以，人向外「為道」不僅是錯誤的認知方法，更是對「道」本身的損害。因為棄「心」而向外求「道」，無疑勾起人們愈來愈多的思慮，物不勝其多，事不勝其繁，追求之、「格」之，則人之意念必湧出無限之多，慈湖認為，這正是背「道」之舉，何能求「道」？何能得「道」？所以，「明」本「心」才是唯一正確的為學之方，否則便是「昏」、便是「妄」。

慈湖推崇的為學之方建立在「心」無所不有、無所不包的觀念基礎之上，他指出：

> 心無質體，無限量，而天地範圍其中，萬物發育其中矣。此無俟乎辯析而知之本如此也。自覺自信，匪思匪為，孔子深惜夫中庸平易之道人皆有之，因其為之是以通之。復戒之曰：人不可以為道。深知大患在乎為道而已。❶

世間萬物乃至天地，因其為實物的存在，故都為有限；唯夫「心」之精神，它非實物之存在，與空間無涉，所以能成為無限之存在；而且「心」與「道」本為一，故而能範圍天地、包孕萬物之生長發育。在慈湖看來，此理甚明，不待乎辯析，要對此保持堅定的信念，不要勉強去「為道」，「道」本不遠人，人「為道」則會離

---

❶ 《慈湖先生遺書》卷一三，〈家記七・論中庸〉

「道」愈遠矣!

考之慈湖的為學之方，不難看出先儒思想的影響。孟子云：「盡其心者，知其性也，知其性則知天矣。」[17] 所謂「盡」，即是盡量發明本心，使心之精粹無不展露，然後便自然知曉何以為人的本質，此本質又恰恰與天道合一，所以，人們根本不需要向外求知求道，只須「盡心」就能「知性」，就能「知天」。陸九淵亦云：「心之體甚大，若能盡我之心，便與天同。為學只是理會此。」[18]「盡心」自然能「與天同」，可見每個人都毫無欠缺，自滿自足，不須外索。慈湖把此為學之方更發展之，以「明心」為核心觀念，批評「道學者」向外物求「理」的看法，堅持維護「心」的至高至完滿性，把「格物」釋成「去事」、「息念」，因此把認知問題轉化成了修養問題，把感性的體驗與理性的思索轉變成了精神的反省和道德境界的確立，這正是慈湖為學之方理論的特色所在。

三、學問之境界：「永」與「樂」

從慈湖的學問之道及為學之方可知，人之認知非向外而是向內，不是對所謂客觀外物的感知、分析和探究，而是對本心的體悟，因之，認知的結果決不是知識的增長，而是人的某種境界的確立。慈湖先生說：

> 陶曰：謹厥身修思永。始如此終不如此非永也；靜如此動不如此非永也；晝如此夜不如此非永也；今日如此他日不如此

---

[17] 《孟子・盡心》

[18] 陸象山《語錄》

非永也；思如此不思則不如此非永也。永非思之所可及也，而必曰思者，思夫不可得而思也者，斯永也。永非思之所可及也，思而忽覺，覺非思也，斯永也。孔子曰：天下何思何慮，謂此也；曰毋意，謂此也；曰吾有知乎哉？無知也，謂此也。❶

「永」在慈湖處已被詮釋為某種認知之後達到的境界，此境界不是人們苦思冥想、孜孜以求所能進入，恰恰相反，它必須摒棄人的一切思慮，毋意毋思，行雲流水，不事任何造作和勉強。實際上即是本「心」的自然顯露，對萬事萬物自然呼應，達到一種純然自如的狀態。慈湖指出，達此境界固然難，但更難的是恒久地保持在這個境界中。人們始與終、動與靜、晝與夜、今日與他日都能無思無念，使本心自明，那才真正達到了「永」。因此，「永」是一種境界，是人們經由「心」學的認知之路而達到的一種澄然虛明的狀態：

意慮不作，澄然虛明，如日月之光，無思無為而萬物畢照，此永也。一日意慮不作，澄然虛明如日月之光，無思無為而萬物畢照，此一日之永，是謂日至；一月意慮不作，澄然虛明如日月之光，無思無為而萬物畢照，此一月之永，是謂月至；三月意慮不作，澄然虛明如日月之光，無思無為而萬物畢照，此三月之永。❷

可見，「永」與永恒如此還不同，人一天達此境界即為「永」，

<hr>

❶　《慈湖先生遺書》卷二，〈永嘉郡學永堂記〉

❷　《慈湖先生遺書》卷二，〈永嘉郡學永堂記〉

雖然僅一天而已；人一月或三月意慮不作、本心自然顯露，則做到
了一月或三月的「永」，雖然僅一月或三月而已。慈湖的這種認知
境界有完全的開放性，無論貴為官宦家族還是賤如販夫走卒，只要
自明本心，就能達於「永」之境界；而且，今日做到了，便有今日
的「永」；明日做不到，則喪失其「永」。當然，最高境界的「永」
還是「恒」，是跨越空間、超越時間的永恒如此，亦即無時不「永」，
無處不「永」：

> ……文王之德之純永也，維天之命於穆不已永也，生如此死
> 不如此非永也。於天清地濁未分時如此，於萬世之後不如此
> 非永也。所以能範圍天地之化者此永也，所以發育萬物者此
> 永也。❷

　　在慈湖看來，此永恒之「永」實為一般人所難以企及，但這恰
恰是激勵世人奮爭不息的動源機制。「永」之境界的純潔，「永」之
境界的崇高，「永」之境界的範圍天地、發育萬物、貫乎古今，當
激發世人的敬畏感，給人以奮鬥的確定目標，給人以生存的無限樂
趣，這是一種更高的存在境界：

> ……知者樂者，初言樂水，指在於水，慮學者未得其樂，茲
> 未言樂，明知者常樂。知者虛明澄然，死生憂患不足以動，
> 或曰用常樂。❷

---

❷　《慈湖先生遺書》卷二，〈永嘉郡學永堂記〉
❷　《慈湖先生遺書》卷一一，〈家記五·論論語下〉

　　孔子曾與弟子論「知」者與「仁」者之別，云：「知者樂水，仁者樂山」，但為何有此樂則未明言。在慈湖看來，所謂「知」，決非對外界事物了解的多，而是「知道」。但「道」決非通過觀察、分析、概括、探究所能知曉，此「知道」實為「體道」、「悟道」。「道」之澄然剔透，猶如水之晶瑩無疵；水雖動盪不安，但「悟道」者恰恰在於從動中體靜，從變中悟常，水雖流而實寂然不動。因此，悟「道」者能從觀水中得到啟迪，樂水自是題中應有之義。世上人死生憂患何其多也，而變化迅捷的萬事萬物和人類生命之本則為恒常純潔之「道」，所以，悟道者無憂無患，故其能「樂其大焉」。

　　但是，「知者」之樂遠未臻最高境界，慈湖寫道：

　　……仁覺也，醫家謂肌體無所知覺曰不仁，知者亦覺而不同其仁何也？孔子曰：若聖與仁，則吾豈敢。仁幾乎聖矣。知者雖覺，虛明而舊習未盡消，意念微動即差，未能全。所覺之虛明必至於純明不已而後可以言仁。知者雖得動中之妙，雖動而未嘗動，雖擾擾而未嘗擾擾，而舊習之氣忽乘隙而至，終未得靜中之妙，或有遷動，故聖人又取山為象。山之妙不可言，即水之妙不可言。……夫山草木植焉，禽獸蕃焉，財用出焉，直而無私焉，興吐風雲以通乎天地之間，陰陽和合雨露之澤，萬物以成。百姓咸饗，此仁者之所以樂乎山也。……[23]

　　在慈湖筆下，「知者」雖已覺道，但「舊習」仍未盡消，不時會襲來一絲雜念思慮，故而未臻全功；而「仁者」覺道已達最高境

[23]　《慈湖先生遺書》卷一一，〈家記五・論論語下〉

界，是大覺大悟，是無時無處不覺不悟。因此，「知者」僅得動中之妙，而「仁者」已獲靜中之妙矣。那麼，仁者何以「樂山」？又何以能「多壽考焉」？「山」巍巍乎其高，通乎天地，長養萬物，蕃殖萬物，芸芸百姓無不受其澤惠，但「山」從不自居其功，仁者從山之靜寂中悟覺到其生生之妙用，則何所不樂焉？常樂則壽考。

慈湖的這種描述，實為說明其學問之境界「樂」難以用語言來表述，只有通過對沉默之「山」的體悟，方能領會之。這種最高的境界非實存，它是一種精神性、心理性的存在，故而顯得虛玄，顯得飄渺，加之慈湖先生又刻意用意域很寬的詞彙描繪之，更顯得其神秘、深不可測、奧妙無窮。但實際上此境界又蘊於百姓日用平常之間，不在虛無的天國佛土；達此境界只需反觀體悟，用不著繁瑣複雜的推理演繹。慈湖先生回憶說：

> 某之行年二十有八也，居太學之循理齋，時首秋入夜，齋僕以燈至，其坐於床，思先大夫嘗有訓曰：時復反觀。某方反觀，忽覺空洞無內外，無際畔，三才萬物萬化萬事幽明有無通為一體，略無縫罅，疇昔意謂萬象森羅，一理貫通而已。有象與理之分，有一與萬之異。及反觀後所見，原來某一體如此廣大，無地有象有形有際畔，乃在某無際畔之中。《易》曰範圍天地；《中庸》曰發育萬物，灼然灼然，始信人人心量皆如此廣大。❷

「反觀」是一種自我冥思內悟的功夫。中國賢哲多喜在清風月明之夜，萬籟皆寂之時，靜坐反觀。慈湖先生悟覺到的仍是其「萬

象歸一」、「萬理歸一」和「生命歸一」。在常人的眼中，每件物都
有形體，有時限，每件事都有造作者和解決者，三才萬物何其多何
其繁複，而萬化萬事幽明有無之別更是讓人眼花繚亂，無所適從，
但在慈湖先生靜觀下，卻發覺無窮多之物之理，無限繁之事實為
「一」。「一」又與己之精神合一，故無際畔之本我精神完全可以包
容「三才萬物萬化萬事幽明有無」，體會至此，慈湖覺得吾心能範
圍天地，發育萬物，與天地參矣；此時，他進入了「永」和「樂」
之境界。

　　慈湖通過神秘而又庸常的「反觀」，達到了最高的認知境界，
同時也是存在的一種至善的狀態，他的親身體驗曾給許多人以啟發，
並成為弟子們效仿的榜樣。

四、慈湖「知」論之檢討

　　慈湖的認知理論以其「一」論與「心」論為基礎，故而其認知
對象不如常人（或現代人）所認為的那樣，是對樣式無限之多的物
與事做深入地觀察和分析，而是直指本「心」，直切本體之「一」。
因此其為學之道是「求放心」，其為學之方是「塵去鑑自明」，而其
求學的認識活動也就轉化為存在的「永」和「樂」之境界。可以說
貫穿於慈湖先生之「知」論始終的是中國傳統思想所特有的超驗的
「反觀」之法。

　　「反觀」之法的關鍵在認識對象的特有規定。在中國古代賢哲
看來，萬物不勝其多，萬事不勝其繁，對它們進行認識不僅不必亦
為不可能。即便人們對外物外事有所認識，那也不過只是「小識」
而已，不過是慈湖先生說的所謂「智識耳」。而且陷溺於此，會產

生更大的危險：人們汲汲於外物的觀察和分辨，必挑激起無窮盡之物欲，此不唯陷人於不善為惡的境地，更造成人與人相爭，國與國相鬥，天下將為之混亂不堪。中國傳統思想的主流由此而摒棄了以探求外物奧秘，向外開拓的致思方向，轉而以人自身為對象，試圖從認知本心來達到完善自身的目的。由此逐漸形成了慈湖先生所大力提倡的「反觀」之法。

「反觀」之法最早表現為一種反省內查的功夫，即在為人處世、從政治國的過程中，遇到某些問題，就應該自我檢查一番，自己的思慮與行為是否端正得體？這與其說是一種認知方法，毋寧講是一種自我道德修養的狀態：

> 孟子曰：「愛人不親，反其仁；治人不治，反其智；禮人不答，反其敬——行有不得者皆反求諸己，其身正而天下歸之。詩云：『永言配命，自求多福。』」❷⑤

孟子對人的要求是遇事必「反求諸己」，不要到對方身上去尋求說明自己思慮與行為合理的證據，而應該也必須從自我的思慮和行為本身中反省為何達不到理想效果的原因。

道家學人亦對「反諸己」有很深的體認：「何謂反諸己也？適耳目，節嗜欲，釋智謀，去巧故，而游乎無窮之次，事心乎自然之途，若此則無以害其天矣。」❷⑥此所謂「反諸己」乃消除人的文化與知識及智巧的狀態，使人歸真返璞、與自然無為之道合而為一。

至此，「反求諸己」也好，「反諸己」也罷，都還主要是一種修

---

❷⑤　《孟子・離婁上》

❷⑥　《呂氏春秋・論人》

養之方，而非真正意義上的認知之方。但兩者都強調主體自覺的重要性和決定性的地位，以及都蘊藉著一種自我修為之意，這些共同成為「反觀」之法的思想資源。

真正作為「反觀」之方先驅思想因素的是《老子》一書中提出的「玄同」之法。在老子看來，人認知的對象絕非天下的萬物和萬事，而是「道」。這一認知對象又是感官的知覺所無法把握的：「視之不見名曰夷，聽之不聞名曰希，搏之不得名曰微」。❷次之，「道」亦非理性所能掌握：「道可道，非常道。」（《老子》第一章）所以，老子指出：

> 知者弗言，言者弗知。寒其兌，閉其門，和其光，同其塵；
> 挫其銳，解其紛，是謂玄同。故不可得而親，亦不可得而疏；
> 不可得而利，亦不可得而害；不可得而貴，亦不可得而賤，
> 故為天下貴。❷

「道」是超感覺超理性的存在，所以知「道」者弗言。但怎麼才能獲得「道」呢？老子認為必須摒除感性的喜悅及情欲，消除任何鋒芒、是非、親疏、利害、貴賤等等價值區分，從而混同天地萬物人我，達到無物不同、無事不同、無人不同的境界，此謂「玄同」。「玄」為微妙之意。放眼觀望世上，何物相同？何人相同？何事相同？但經過「靜觀」、「滌除玄覽」的功夫，則可達於「道」的無所不同的本體狀態，此一過程微妙之極，是人自我精神上的「玄同」，而非千差萬別的客體完全等同。

---

❷　《老子》第十四章
❷　《老子》第五十六章

　　把孟子主要為道德修養之後達到的「反求諸己」與老子反省內觀的「玄同」之法混而合之，便成為較完整意義上的「反觀」之法。此法在宋儒處受到高度重視。熊十力（子真，公元1884－1968年）先生指出：

> 其學（著者案，指宋儒）主反己，而天下之理得。〈禮運篇〉曰：「不能反躬，天理滅矣」。鄭玄注：「反躬猶言反己」。按反己二字，確是孔、孟最上一著工夫，宋學能尋此血脈，而勿失之。工夫是否做到好處，乃別一問題，其認為此項工夫去努力，則不容忽視。天下之理得者，言自反而識得吾生之真，則萬化之源，萬物之本，無待外尋，吾與天地萬物，非有二本故。㉙

　　宋儒從孔孟儒學出發，多言「自反」，而慈湖先生尤甚。從認知方法而言，「自反」的出發點非尋萬物之真，而是如熊十力先生指出的是求「吾生之真」。當然在中國古代賢哲看來，「吾生之真」與「萬物之真」何以異乎？慈湖由其本體論即已使其「二」「一」之了。故而悟解了「吾生之真」，便能體會「萬化之源」、「萬物之本」，如此又何須向外去尋？

　　所以，「自反」之認知方法的基礎又在於確信天地萬物人我的「一」，這在中國古代賢哲那裡是早就解決了的問題。孟子以「盡心」則能「知性」、「知天」來溝通物我天人；莊子以「萬物齊一」的體認消解一切差別和區分；後世禪者更提出「即心是佛」，亦是把人之本心與本體相溝通相冥合。此論深得醇儒慈湖的賞識：「孔

㉙　《讀經示要》卷二

子曰：心之精神是謂聖，即達摩謂從上諸佛，惟以心傳心，即心是佛，除此心外，更無別佛。」❸

　　由此可見，在古老中華大地上奔湧的幾股思想資源的洪流，在「自反」之認知方法上交融匯一，構成了中華民族真正有特色的知識論。

　　「自反」追求的是所謂大智大慧，它反對人們對具體事物進行分析研究，指認向外的求知不僅無法獲得真知，相反還會妨礙人們對本真的領悟。「自反」又不僅是一種求知的活動，更是一種最高境界的達到；不僅是真知的獲取，更是人們德性的完成。這種靈肉的合一、心物的合一和道與德的合一是中國古代賢哲經由「自反」而進至的最高人生狀態。

　　從根本上而言，當代人喜歡追求萬物萬事之具體的知識，對所謂本真之知、所謂價值的終極之源不是惘然不知，便是忽略不計。由這一視角來看，中國傳統的認知方法，尤其是慈湖先生推崇的知識論有極大的啟迪作用。因為對價值之源的體認，對生命本真狀態的把握，以及對本體的求解，也許是科學和邏輯的認識方法難以完全解決的問題，此時人們求助於中國古代賢哲提供的「自反」之方法，或許會有很大的收益。但是，如果認為悟解了「心」中之理便擁有了對宇宙、世間、人生的全部知識，就不需要孜孜於客觀的認知活動，那又大錯特錯了。應該把心靈的內在體悟與大腦對事物的客觀分析、親身的踐履體驗結合起來，用前者解決價值之淵源、生命之安頓、宇宙之究竟的存在問題；而用後者來解決物資的獲取、生活質量的提高、肉體的滿足等諸現實生活的問題，這也許是更為科學且合理的認知態度和生存方式。

---

❸　《慈湖先生遺書》續集卷一，〈炳講師求訓〉

第六章　慈湖之「禮」論

慈湖論「一」，論「心」，論「知」，把天地萬物人類之「本」及如何體悟此「本」已然廓清，如何把此「本」實在化為人間大法和眾人為人處世之準則，是慈湖先生進一步要解決的大問題，為此，他集中探討了「禮」的問題。

「禮」是歷代儒生都十分關注的問題，慈湖先生自然也不例外，但其論「禮」，重在尋覓「禮」之本，而且把「德」合一於「禮」，並闡明了各類德目的統貫性，討論了人們如何才能依「禮」而行的問題。由此慈湖從一個側面發展了儒學的「禮」論。

一、「禮」之本

人在生活過程中，必與社會（國家）發生關係，必與他人（普通人、家人、家族親屬等）發生關係，必與自然宇宙發生關係。如何使這些關係保持和諧穩定，不至於發生糾紛和衝突，這是人類社會生存下去並得到發展的前提。中國文化從遠古時代起，便有了「禮」論，它就是為協調上述關係而制定的制度與規範的總稱。在古代社會，「禮」不僅廣泛地運用於治國治事的實踐中，而且成為人們修身進德的重要資源，故而歷代思想家無不精研「禮」學。

《左傳》有語云：「禮，經國家、定社稷、序民人、利後嗣也。」❶

---

❶　《左傳·隱公十一年》

國家有「經」、 社稷有「定」方能成為較穩固的人群共同體；而民人有「序」、 後嗣不爭，人與人之間才能和諧共存，才能有「利」。「禮」在中國傳統社會裡的重要意義由此可窺一斑。

但是，宇宙變化萬千，世道演進迅捷，作為制度與規範之「禮」是不可能長期保持恒定狀態的。事實上，「禮」之條文、規定的損益變化幾為每個稍懂歷史者所熟知。於是，中國古代賢哲提出「禮」之本的問題：「子曰：人而不仁如禮何？人而不仁如樂何？」❷把「仁」視為「禮」之內核精神，認為無「仁」之循「禮」， 只是一種虛文而已，不可能長期堅持。《論語》中還有許多闡明「禮」之本重要性的話，如：「禮云禮云，玉帛云乎哉？」❸

荀子對社會制度的變遷有深刻地體認，故明倡「法後王」，但他對制度背後之「本」、之精神的恒常性也是堅持的。他說：

> 百王之無變，足以為道貫。一廢一起，應之以貫，理貫不亂。不知貫，不知應變，貫之大體未嘗亡也。❹

「貫」即一貫到底之意。國家一廢一興，社會一亂一治，許許多多的「禮」都在損益變化；但其中一定有「道貫」，即一種「本」統貫於其中，掌握此就能在「亂」中泰然應變。這種思想被宋儒朱子闡述得更為明白：「禮，時為大。使聖賢有作，必不一切從古之禮。疑只是以古禮滅殺，從今俗之禮，會稍為防範節文，不至太簡

---

❷　《論語・八佾》

❸　《論語・陽貨》

❹　《荀子・天論篇》

而已。」❺提出「禮」應時而變是符合「禮」之精神的。他又說：「所因之禮是天做底，萬世不可易；所損益之禮是人做底，故隨時更變。」❻「因」是承繼；「損益」是變化。在朱子看來，萬世不可移易、需要永恒繼承的是「禮」之精神、「禮」之根本；而具體之「禮」的制度、條文、規章等是可以「隨時更變」的。

慈湖先生觀察世間萬事萬物，喜從「多」中尋「一」、「變」中找「常」，其「一」論、「心」論和「知」論無不如此，因此，他自然對「禮」之本的問題特別關注：

> 林放問禮之本，子曰：大哉問。禮與其奢也，寧儉；喪與其易也，寧戚。儉則不放逸，奢則放逸；戚則不放逸，易則放逸。不放逸之心至矣哉！為孝為弟為謹為信為忠為恕為敬為恭為剛健為中正為萬善。順而無失，應而無窮，不識不知，何思何慮。儉與戚，人皆有之而不自信其為大本。孔子又曰：禮本於天，所謂天道在此。又曰：禮本於大一，所謂大一者在此。不放逸之心至矣哉！❼

慈湖認為「禮」之本在「不放逸」，此「不放逸」恰恰是一種「心」的謹慎狀態，是人內在的「欽哉」、「克艱」、「兢兢」和「無逸」，是孔子所言的「七十而從心所欲不逾矩」。

細而究之，「不放逸」之第一層境界是人們「心」有所「主」，時時刻刻內有規矩，然後外在化為遵規蹈矩。但這種念茲在茲的狀

---

❺　《朱子語類》卷八四

❻　《朱子語類》卷二四

❼　《慈湖先生遺書》卷一〇，〈家記四・論論語上〉

態還不是最高境界；當人們把制度、條文、規矩內化為心理欲求和精神上的自在自然的狀態，就可以既「從心所欲」，又可「不逾矩」，達到自然而然，當下即發，毫無勉強的境界。因此，外在之「禮」可因「時」而損益，但由於人們心有所「主」，能「不放逸」，故又能自然合符「禮」去思去念去做。如此必消解人們在按「禮」的規範去做時造成的精神上的桎梏感和肉體上的不適感，進至「樂」的境界。慈湖云：

> 詩者，正心之所發，正心即道心。三百篇皆思無邪，誦之則善心興起，由此心而行自有倫理即禮。然經禮三百，曲禮三千，惟聖人一一中節，學者道心方興，其言其行未能一一中禮。或語默動止，未知所據依，學禮則有所據依而立。子曰：不知禮，無以立也。樂者和也，至於全成，則和樂融暢，何思何為。❽

孔子曾云，《詩》三百篇，其精神實質則在於「思無邪」。慈湖認為，此「思無邪」恰恰發之人人本有之「正心」，因之，人們常誦「詩」，則能善心勃發，由此而思而為，自然而然地合於「倫」與「理」，這也即是「禮」。但是制度和規矩繁雜多樣，合「禮」之思慮行為的關鍵在「中節」，即以「道心」為準繩，如此便臻於和樂融暢的幸福狀態。

可見慈湖所竭力說明的二點是：

1.是任何「禮」皆有其本、皆有其精神實質，人們循「禮」只有抓其本，顯示其精神，才能由勉強、被迫、感到不適進入到自覺、

---

❽　《慈湖先生遺書》卷一一，〈家記五・論論語下〉

自如及和樂的境界。

2.是慈湖貫徹其「一」之的主張，把「禮」之本、「禮」之精神仍然落實到人「心」之上。

這樣，慈湖之「禮」論實為其「心」論的延伸：

> ……禮者特理而不亂之名，樂者特和樂而不淫之名。……是故道即禮，禮即樂，樂即《詩》、《書》、《易》、《春秋》。孔子又曰：禮本於大一，分而為天地，轉而為陰陽，變而為四時，列而為鬼神。又曰：人者天地之德，陰陽之交，鬼神之會，五行之秀。孔子不為名言所惑，洞見貫通至一之妙。故確然曰：禮，周流無不徧也。❾

因為把「禮」視為「理而不亂」，所以也就把「禮」與天地萬物、陰陽四時、鬼神人物完全溝通了，這就使條文、制度、規矩之「禮」騰而上升為「道」，為「心」，為天下根本大法，其神聖性、統貫一切的性質也就自然而然地凸顯出來。

先儒及慈湖的這種看法顯然出自這樣一種認識：人間之「禮」的權威性要建立起來，不能依賴於社會強制，而要求之於人們的自覺。此「自覺」的確立在人人對本「心」之明的體認，對本「心」先驗之善的肯定，特別是認識到本「心」具有與宇宙之本相融匯為一的性質。如此，人們合於「禮」地去思去行就不僅僅是遵從一堆硬性的條文和規章，而是既符合本「心」之善，又符合了天地之條理、萬化之本源、人間之大法。如此安能不適？安能「逃於天地」而不做合於「禮」之事？此時，人就從勉強進入了自覺的境界，從

---

❾ 《慈湖先生遺書》卷九，〈家記三・論禮樂〉

循禮的小心翼翼轉而為動停進退中的瀟灑自如。

　　慈湖論「禮」之本，根本目的在使繁複雜多的「禮」透顯出內在的精神，使人在循「禮」的過程中心有所主，既不流於任意亦不淪入桎梏，從容中道，既「從心所欲」，又能「不逾矩」。

二、「禮」之用

　　如前所述，慈湖把「禮」定義為「倫理」，　實是對「禮」的廣義性闡釋。所謂「倫理」即人倫間所當行之「理」。因此，「禮」就不僅僅是社會的制度規範，而且還包括現代一般所指的倫理道德。慈湖又從其心學理論出發，無時無刻不關注於各種德目與「心」、「道」的合一，使道德的規範與「禮」亦完全重合。故而「禮」論與「德」論的合一是慈湖學說的重要特色之一，也透顯出慈湖「禮」論的開放性。

　　慈湖首先論述了「孝」的問題：

　　　　夫孝，天之經地之義民之行。推而放諸東海而準，推而放諸西海而準，推而放諸南海而準，推而放諸北海而準。以孝事君則忠，以孝事長則順。朋友不信非孝，戰陣無勇非孝，斷一木斬一獸不以其時非孝。仁者仁此，義者宜此，禮者履此，信者信此。❿

　　慈湖以「孝」為超空間的存在，並認為在任何時候「孝」都是人們當行的準則。同時他還指出，「孝」的推展，即由家庭、家族

---

❿　《慈湖先生遺書》續集卷一，〈樂平縣學講堂訓〉

內的準則拓展為規範臣與君的準則時便為「忠」，而在規範子輩與長輩之間的關係時則表現為「順」。而且，不守信、無勇、取物不以其時都被慈湖目為「不孝」。這種對「孝」的闡釋和推演，明顯是把道德的要求擴而為宇宙、社會的根本大法，是從「禮」論的角度闡發「德」論，並且是慈湖運用「一以貫之」的方法所得出的結果。慈湖又說：

> 孔子曰：夫孝，天之經地之義民之行。此道通明無可疑者。人堅執其形，牢執其名而意始分裂不一矣。意雖不一，其實未始不一。人心無體，無所不通，無所限量。是故事親之道即事君事長之道，即慈幼之道，即應事接物之道，即天地生成之道，即日月四時之道，即鬼神之道。❶

慈湖不僅把「孝」在家、國、社會事務間推展，更擴而充之，使「孝」成為天地萬物的生成之「道」，日月四時鬼神的變化之「道」。「孝」之地位可謂空前矣。中國傳統思想一貫把「孝」視為天經地義，目的很明確，既然「孝」具有如此高的地位，民眾當然必須踐履此道德的準則，這種溝通「天」、「人」的努力至慈湖更加彰顯。

次之，慈湖論述了「忠信」的問題，他寫道：

> 孔子曰：主忠信。諸儒未有知其旨者。蓋意謂忠信淺者爾，非道舍。淺而求深，離近而求遠，置忠信於道之外，不知道一而已矣。忠信即道，何淺何深何近何遠。又有學者知忠信

---

❶ 《慈湖先生遺書》卷一二，〈家記六・論孝經〉

不可淺求，遂深求之。推廣其意，高妙其說，謂忠信必不止
於不妄語而已。吁，其謬哉！舍不妄語，何以為道？人心即
道，故《書》曰：道心。此心無體，清明無際，直心而發，
為事親為從兄為事長上為夫婦為朋友，仕則事君，臨民其愛
人曰仁，其處事得宜曰義，其恭敬曰禮，其不欺不妄曰忠信，
視聽言動喜怒哀樂無所不通，無所不妙。孔子即不欺不妄而
言之曰：此即主本。主本者乃道之異名，非忠信之外復有道
也，離此不欺不妄實直之心而外求道者，斯乃妄也。**⑫**

慈湖以其「道一」論抨擊「諸儒」在「忠信」德目上兩種錯誤
的看法：一是認為「忠信」為一般淺層次的德性，「至平至近」，故
離道較遠；而另一些儒生則故作深沉，認為「忠信」之德必不止於
「不妄語」而已，應有更根本更深層次的意義。慈湖認為，「忠信」
意義雖然淺近，但其是「道」的外顯，亦是「道」本身；而「不妄
語」貌似平常，可「道」絕非深藏不露，難為人識，「道」即「直
心而發」之「不妄語」，即「忠信」本身。這樣，慈湖竭力矯正了
儒生們在「忠信」問題上的偏頗，並使「日用庸平」的「忠信」具
有了深邃而又淺顯的意義。實質上，慈湖以「實直之心」為「道」，
而「忠信」恰為「不欺不妄」的品性，兩者的溝通、合一自是情理
中之事。慈湖刻意於做這種批評和闡釋的工作，目的仍然在貫徹「禮」
與「德」合一的主張，使用的方法正是其「心」學的「一以貫之」
之「道」，使各種具體的道德條目與形而上神聖本體相通、相合一，
強化人們踐履此道德準則的自覺性。

慈湖再論及「禮樂」的問題，他說：

---

⑫　《慈湖先生遺書》卷三，〈學者請書〉

禮樂無二道，吾心發於恭敬品節應酬文為者人名之曰禮，其
恭敬文為之間有和順樂易之情人名之曰樂。庸眾生而執形動
意，形不勝其多，意亦不勝其多。不知夫不執不動，則大道
清明廣博，天地位其中，萬物育其中，萬事萬理交錯其中。
形殊而體同，名殊而實同。而《樂記》諄諄言禮樂之異，分
裂太甚。……⓭

　　「禮」與「樂」粗觀確為二物：一是社會制度及人間道德，一
為音樂及和樂的心境。《樂記》的作者雖亦言及「禮」與「樂」的
聯繫，但主旨仍是慈湖所指斥的「分裂」太甚。慈湖以「心」為
「道」，「禮」為「心」之所發，「樂」亦為「心」之所生，二者怎
可裂之為「二」？因此，人們為人處世中自覺地遵規蹈矩是為「禮」，
而整個過程充溢著發自內心的順暢、平和、喜悅之感便為「樂」。可
見「禮」與「樂」是一事的兩面而非二種不同之物。在慈湖的眼中，
《樂記》的作者也好，「庸眾生」也好，都喜追逐外物而動意慮；
「物」不勝其多，「意」也就不勝其繁，視天下為「萬」，而不明白
萬事萬物是形不同而本體則一，名號相殊而實質則同。實質上，「心」
定意念息，則萬物萬事萬理為「一」，「禮」「樂」自無二的道理。
這樣，慈湖又一統「禮」與「樂」矣。

　　故而，慈湖在「禮」論上的致思方向與其在「一」論、「心」論
上一樣，都試圖由「萬」中尋「一」，使「多」最終歸於「一」。一
般人眼中，人間社會之「禮」裂而為制度、準則和道德條目，內容
繁雜，條目眾多，又何能統而貫之「一」？而慈湖論「禮」則極力

⓭　《慈湖先生遺書》卷九，〈家記三・論禮樂〉

要破除這種常見，包括儒生在學理上亦陷入的「多」之病。慈湖云：

> ……何謂至人皆有心志，即志即至無所復至。凡志之有所思
> 焉，有所感焉。思亦何所思，感亦何所感？思而所思，人自
> 以為思；感無所感，人自以為感。倏然而思，思無所起，思
> 無所止，人自以為止。所止者何所厥，思亦何物，執之而無
> 得，視之而無睹，莫究厥始，莫窮厥終，莫執厥中，是之謂
> 大同。若然則由志而為詩，詩亦然也；發於禮儀，禮亦然
> 也。❹

　　「志」是一種傾向性很明顯的思念。許多儒生在解釋《孔子閑
居》中的「志之所至，詩亦至焉；詩之所至，禮亦至焉；禮之所至，
樂亦至焉；樂之所至，哀亦至焉，哀樂相生是故正」時都突出「志」
的重要性，以為人們刻意於一種意念（「志」），便能發之詩、禮、
樂、哀。而在慈湖眼中，這種看法錯莫大焉。人們的「思」和「念」
不應該是刻意的或勉強的，而是所謂「當下即發」，「不假思索」，故
而叫做「思無所思」，「感無所起」，然後人們便能不執著於「始」，
不執著於「終」，亦不執著於「中」，自如而自然地發乎詩、禮、樂、
哀。這就達於「大同」之境界了，亦為遵「禮」的最高境界。本來
「詩」是人情感發出之後形成的文字，「禮」是制度、規章、道德
的總稱和人們踐履的行為；「樂」與「哀」是人們面對不同情況時
發生的截然不同的情感。四者相距何其遠也，而慈湖都歸之於人之
「思」與「念」，同時又對「思」和「念」作心學的解釋，從而提
出「大同」之境界。千差萬別之詩、禮、樂、哀由此統而為「一」。

---

❹　《慈湖先生遺書》續集卷二，〈孔子閑居解〉

人們不是絞盡腦汁地為「詩」，小心翼翼地循「禮」，細緻周到地「樂」和「哀」，而是本之於「心」的自然感應，自如地發用，不假思為，不假強求。人進入此「大同」狀態，便能志無所志之志，思無所思之思，感無所感之感，由之而詩而禮儀而樂而哀，既成為了社會「公民」——遵循了一切社會規則，道德的要求；又能成宇宙「公民」——與天地之律相合一，與萬化之本相合一，這才是慈湖「禮」論所欲實現的最高境界。所以，雖然在行文上、分析問題中，我們區分出慈湖的「禮」之本論、「禮」之用論，但從慈湖「禮」論的宗旨而言，無「禮」之本、「禮」之用之分，「體」「用」實為「一」，密不可分；進一步而言，則根本沒有「禮」本和「禮」用，天下萬物萬事萬理何者不「一」？何處不「一」？這恰恰是慈湖「禮」論的特色所在。

三、「禮」之行

解決了「禮」本與「禮」用的問題，究竟如何踐履「禮」是慈湖先生面臨的又一個問題。自然，他從孔子處接受了「復禮」的觀念，他寫道：

> 經禮三百，曲禮三千，皆吾心所自有，於父母自然孝，於兄弟自然友恭，於夫婦自親敬，於朋友自信。出而事君自竭忠，與賓客交際自然敬，其在鄉黨自謙恭，其在宗廟朝廷自敬。復者復吾所自有之禮，非外取也。禮廢樂壞逾二千載，學者率求禮於外，先聖特曰復，所以鍼二千載之膏肓，發人心之所自有。周公謂以五禮防萬民之偽，記亦曰著誠去偽，深戒夫

人徒徇其文為而不由中也。戶開亦開，戶闔亦闔，有後入者闔而勿遂，以此明禮者斷斷乎人心所自有而非外取。……⑮

自先聖孔子提出「克己復禮」的明訓之後，人們多把「復」釋為按照「禮」之條目、規定去做，所謂「非禮勿視，非禮勿聽，非禮勿言，非禮勿動」⑯是也。但慈湖從「心」學立場出發，認為「復」即復己「自有之禮」，即自明「本心」；所有外在繁雜的「經禮三百，曲禮三千」皆吾心所「自有」，故人們循禮而行，實按本「心」的自然流露而動。而循「禮」過程中要在著誠去偽，要在不以虛文勉強自己。在慈湖看來，社會上出現的眾多違「禮」之人、背「禮」之事，關鍵不在人們不知道「禮」的各種規定，而是人們明知故犯，或者表面遵循之、踐履之，而內心拒絕之，背後違反之。毛病恰恰出自於：一沒有認識到「禮」乃本「心」的自然流露；二沒有以「誠」去「偽」。所以，真正地使人們循「禮」，按「禮」去思去行，就必須使人們體悟到「禮者斷斷乎人心所自有」，從而決不去「外取」之。所以慈湖云：「顏淵問仁，子曰：克己復禮為仁。克能也。能以己復我本有之禮，禮非私意，皆道心之變化。」⑰把「克」釋為「能」，而不云「克除之」，已顯慈湖先生溝通「禮」與「己」與「道心」的良苦用心矣。

要循禮而行，還必須「育德」：

汲古問易蒙卦象曰：君子以果行育德。何以謂之果？先生曰：

---

⑮　《慈湖先生遺書》卷二，〈復禮齋記〉

⑯　《論語・顏淵》

⑰　《慈湖先生遺書》卷三，〈贈錢誠甫〉

果者實之謂，德性人之所自有，不假於求，順而行之，無有
不善，有行實焉，行虧則德昏矣。德性無體，本無所動，本
不磨滅，如珠混沙而失其明，如水不濁則性不失矣。順本正
之性而達之，是謂果行，所以育德。⓲

　　「育德」的關鍵在「行實」，所謂「行實」即依「禮」而行之，
但其前提是悟覺德性本自有，不須外索，只需順之而行，則達之善，
循之「禮」；相反，「行虧」的狀態是認不清德性本自有，故而勉強
自己去踐履外在之「禮」，並期望通過這種途徑去獲得「善」，慈湖
認此為「德昏」，　為大謬。慈湖為何特別重視「育德」的問題呢？
因為世人常以循「禮」為難受之事：「禮」總是要人這樣去做或那
樣去做；這不准去做或那不准去做，當然給人之行為與肉體許多不
適，甚至痛苦。所以，人們總以自「心」與「禮」是「二」，　甚至
水火不容，冰炭有別，如此的話，安能很好地循「禮」和為「善」？
因此，慈湖首先要求人們「行實」，　意識到任何循「禮」之行都是
符合「心」之要求的，都是與自「心」相合一的，人們「順本正之
性而達之」的循「禮」方是真正的循「禮」，並能消解人們循「禮」
過程中的不適感或痛苦。

　　由上可知，慈湖之循「禮」論恰是隨順自「心」論，顯揚自
「性」論。慈湖敏銳地指出，遮蔽本「心」、　自「性」的是世俗之
「利」、之「欲」，因此，循「禮」之大敵當然也是世人對「利」與
「欲」的追求。慈湖云：

　　……深惜夫人皆有至善至仁與聖人同然之性，偶為利欲所昏

⓲　《慈湖先生遺書》卷七，〈家記一・論易〉

遂迷遂亂，遂惟利是從而不顧夫大義也。人性自清明自廣大
自中正，自無所不善，無動焉無作焉，直而出之，自不肯行
不義，自不肯殺不辜。使行一不義，殺一不辜而得天下，自
不肯為也。此非孔子伊尹伯夷及古列聖如此，舉天下之人心
未動利欲之意則皆不肯如此也。三代衰，孔子歿，義利之辨
寢不明，利欲之說滋熾。秦漢以來人心益昏益亂。有君如漢
高出秦民於湯火之中，大惠也，大功也；獨惜夫以利心為之，
遂陶冶一世之心術，盡入於利欲。秦之禍止於毒人之身，漢
之禍乃是以毒人之心。❶❾

　　按慈湖的說法，人人本「心」自善自足，順此而行，無有不善，
無不合於「義」、合於「禮」。但物質獲取之「利」，肉體滿足之「欲」
對世人引誘甚大，而「三代衰，孔子歿」之後，「義」與「利」之
關係就不甚明了，加以皇帝的提倡，致使人本「心」不明，追「利」
逐「欲」之論大行於天下，此為「毒人之心」。 在慈湖先生看來，
始皇之禍僅為「毒人之身」，而漢高祖以「利心為之」，其禍足以「毒
人之心」，這是最為痛心疾首之事，為此，慈湖對漢高祖提出了嚴厲
地抨擊。

　　從根本上而言，「禮」是讓人們在一定的規則下生活，合於「禮」
地去得到一定的利欲，儒家學說亦是不反對的，因為這也是人之心
性本有的。儒者們包括慈湖先生極力反對的是那種違「禮」背「義」
地取「利」逐「欲」， 認此必造成人間社會大亂，國將不國，尤其
是人將不人。慈湖云：

---

❶❾　《慈湖先生遺書》卷一六，〈家記十·論治道〉

舜戒禹曰：敬修其可願，此可願即孟子曰可欲之謂善。夫人
之所願欲，雖紛紛無窮，大概不出二端，善與不善而已矣。
其善者可願，其不善者不可願。善即道心也，即中也，即精
一者也。顧人未之察耳。**⑳**

　　所謂「可願」、「可欲」，即是在「禮」之允許下去「思」去
「行」。在慈湖處，合於「禮」的思、行無疑即是合於「本心」，故
一定是善的；反之，只是「願」，只是「欲」，人們追逐利與欲的思
慮和行為放任自流，必沖垮「可」（即「禮」）的防線，任意為之，
必將造成人之禍和社會之災。而且此違「禮」之思之行，就是背「心」
之舉，故必為惡。因此，人們是「善」還是不「善」，只取決於是
合「禮」還是違背「禮」。循「禮」之行由此而不僅具有治國治世
的意義，同時也具備了治「人」、治「心」的意義。
　　慈湖解釋《論語》時，對如何循「禮」，如何遵循道德的準則
作了具體的說明：

……方子之事親時，愛敬之心自生，不知所以然，此則孝也。
使作意曰：吾將以學為孝也，則亦偽而已矣，非真心之孝也。
孟子曰：人之所不學而能者其良能也，所不慮而知者其良知
也。孩提之童無不知愛其親也，及其長也，無不知敬其兄也。
使胸中有意有說，則失其所以為真孝真弟。不真則偽，偽
則終於失孔子誨學者。使出入之間無非孝弟，則真而不偽不
思不勉，而自愛自敬矣。謹則無放逸無思慮，信則允塞，亦

──────────
⑳　《慈湖先生遺書》卷七，〈家記二・論書〉

安得有思慮？惟如此者，乃能汎愛，其不能汎愛者，必其思慮紛擾，私意橫生，則不虛明不廣大也。㉑

人在循「禮」及踐履道德準則的過程中，往往會出現幾種情況：一是人們心中怎麼想就怎麼做，行為符合「禮」，符合道德；二是人們心中怎麼想，行動中卻另做一套，亦符合「禮」，符合道德的要求；三是人們心中想的和做的完全一致，卻背「禮」違「德」。在慈湖看來，這三種狀態皆「不真」，雖然在第一、第二種狀態時，人們行為符合「禮」，合於道德，但前者先要在「心」中念茲在茲，方可做規矩之事，此即所謂「學以為孝也」，仍是一種「偽」；而後者心中想的是一套，做的是另一套，雖然符合「禮」及「德」，但「偽」之更甚。至於第三種狀態自是背「道」而馳，害莫大焉。慈湖推崇的循「禮」合於「道」之「行」是：人們做道德之事時，做合於「禮」的行為時，根本不假思考，當下即發，自然而然，毫無做作，毫無勉強，這就叫做「真而不偽不思不勉而自愛自敬矣」。因此，慈湖容忍不了人精神、心理的活動與人們現實的物質的活動之間有任何時間差和任何不同之處。「思」之多再做合「禮」之事是「偽」，「思」之久再行符合道德之事亦是「偽」，需要的是「無放逸無思慮」，方能臻於「禮」之行的最高境界。慈湖接著說：

孝弟謹信泛愛無非道心之所發見，自然喜於親仁，自然與仁者同心，自然謙虛不敢自足。其有不親於仁，必有私意，必有阻隔。但順此孝弟謹信泛愛親仁之心而行謂之由道而行……㉒

㉑　《慈湖先生遺書》卷一〇，〈家記四・論論語上〉

㉒　《慈湖先生遺書》卷一〇，〈家記四・論論語上〉

　　凡人內有不合於「禮」、不合於道德的思念，在慈湖看來皆為「私意」，皆非正常，由此派生的行為必然是悖「理」違「道」的。人們應該順本有之「孝弟謹信泛愛親仁之心」，去做「孝弟謹信泛愛親仁」之事，於是人們思念正、行為正，合於「禮」合於「德」。

　　慈湖關於「禮」之行的論述，堅持始終的仍然是其「心」學的主張，把人之「行」視為人之「心」的自然顯露，把精神與物質的「阻隔」完全打通，把心理活動與現實行為的間距完全消彌，使先驗地合於「禮」之心與後天的合於「禮」之行全部重疊，這即是慈湖「禮」論所欲達到的目的。

四、慈湖「禮」論之檢討

　　慈湖之「禮」論在儒學發展史上，其主要特色是從其「一」論出發，把「禮」與「德」合一，故而在價值之源的尋覓上，走了一條與先儒頗為不同的道路。

　　從來儒者們皆堅信社會的典章制度規矩之「禮」、「孝弟忠信仁愛」之道德準則是絕對的正確，但此價值的承諾由何而來則是有分歧的。一種意見把「禮」和道德的價值之源歸之於「天」、歸之於「道」；而另一種看法則歸之於「心」、歸之於「性」。雖然在本體的層面，儒者們把「天」、「道」與「心」、「性」完全打通，但兩種看法仍然是有明顯區別的，並在社會的操作層面引起了一系列的不同做法。

　　把「禮」視為「天理」之節文的看法由來已久。《管子・心術》上云：「禮者，因人之情，緣義之理，而為之節文者也，故禮者謂有理也。」認為「禮」的創制淵於二個方面，一是「義之理」；二是

「人之情」，因此其本質為「有理」。所以《禮記・樂記篇》云：「禮也者，理之不可易者也。」更突顯「禮」之本於「理」，故其實為「理」的意義：「凡禮之大體，體天地，法四時，則陰陽，順人情，故謂之禮。」❷

　　儒者們刻意把「禮」之本與「理」掛起鈎來，與天地四時陰陽之化聯繫起來，其根本意圖是使「禮」之規定具備神聖性、先驗性和永恒性。人之生老病死變化萬端，社會朝代的更替亦十分迅捷，要使社會的秩序、規範恒久，並使之成為人們完全信服和踐履的對象，就只有將其價值的承諾與「天理」聯繫起來，合為一體。朱熹更說得明白：

　　　禮謂之天理之節文。蓋天下皆有當然之理，但此理無形無影，
　　　故作此禮文，畫出一個天理與人看，教有規矩，可以憑據，
　　　故謂之天理之節文。❷

「天理」至高至善，卻無從看無從捉摸；人按「天理」之要求，制定出人間的制度和規則，便成為可視可做的「禮」了。因此，「禮」是天理之節文，從形式上看為人間大法，而從內容上看則為「天理」本身。既然如此，人們怎可不循「禮」？不踐履「禮」呢？

　　在許多中國古代思想家看來，人們循「禮」方能培養出道德情操來，二者的互動，可使人廉恭有禮，規規矩矩，做一個孝子和慈父，忠臣和義士等等。因此，「禮」與「理」的完全同一被許多儒者認可，而「禮」與「心」、「性」的合一則被許多人否定。因為

---

❷　《禮記・喪服四制篇》

❷　朱熹《語類》卷四二

「禮」是規矩，是對人行為的束縛，故使人感到不適，又怎能與人「心」合一呢？尤其是怎麼可能與人「性」相合呢？宋儒胡瑗（翼子，公元993－1057年）云：

> 民之於禮也，如獸之於圈也，禽之於紲也，魚之於沼也，豈其所樂哉！勉強而制爾。❹

張載亦云：

> 某所以使學者先學禮者，只為學禮，則便除去了一副常習熱纏繞，譬之延蔓之物，解纏繞，即上去，上去即是理明矣，又何求？苟能除去了一副常世習，便自然脫灑也。又學禮則可以守求？苟能除去了一副常世習，便自然脫灑也。又學禮則可以守得定。❹

作為「宋初三先生」之重要一員的胡氏，十分重視「灑掃應對進退」的古禮，程頤從學其門下，遂影響及宋明理學諸子均十分重視「禮」的問題。但胡瑗認「禮」使人受束縛，受桎梏，民無所樂，只是「勉強而制爾」；張子則認為學者當先習「禮」，以除盡世俗之「習」。理學家們雖未明言「禮」與人「心」、「性」不合，但其意則有之是顯而易見的。慈湖堅決反對此說，他不僅認為「禮」為天地陰陽四時之「理」的表現，而且自始自終堅決地認「禮」即為「心」，即為「性」，二者完全契合，毫無滯礙。他指出「禮」本之於所謂的「大

---

❹　胡安定〈原禮篇〉
❹　張載《語錄》

一」，即宇宙萬物萬化之「本」、之「道」；而人又為天地、陰陽、
四時、鬼神之精粹，此「本」與精粹自是完全合為一體。因此，「禮」
與人之「心」合，與人之「性」亦合，非是二物，非有礙塞。至此，
慈湖從「心」學之路完全消彌了「禮」與人性、與人「德」之間的
某種矛盾性。但慈湖也很難否認人們在循「禮」過程中所感到的不
適，特別是如果「禮」與人之「心」、「性」完全合，又怎麼會出現
如此多的違「禮」之人呢? 慈湖的解釋模式很簡單: 人們在循「禮」
過程中，凡出現那種受約束的不適感，皆是「意」而非「心」使之
然。人們只要「毋意」， 從心而動，順「性」而行之，必不會覺得
循「禮」有何不快，有何艱難，並直趨循「禮」為喜為樂的境界;
反之，不循「禮」才會引起不安、不快。由這種看法出發，慈湖評
論諸先儒云:

> 自孔子歿而大道不明，自曾子歿而道滋不明。孟子正矣而猶
> 疏，荀卿勤矣而愈遠。董仲舒號漢儒宗而曰道者所繇適於治
> 之路也，仁義禮樂皆其具也。又曰: 仁義禮智信五常之道;
> 王者所當修飭也。五者修飭，故受天之佑。嗚呼? 異乎孔子
> 之言道矣。……仲舒支離屈曲不知仁義禮樂乃道之異名，而
> 以具言則離之矣，不知仁義禮智信皆人心所自有，不假修
> 飭。❷

　　在慈湖看來，「大道」不明由「孔子歿」開其端，「曾子歿」而
愈甚，孟子雖極力彰顯之但效果還不理想，荀子雖著述甚豐，卻使
「大道」愈不明矣，而漢儒董子則乾脆「支離之」。 此「支離之」

---

❷ 《慈湖先生遺書》卷一四，〈家記八·論諸子〉

有二層含義：一則囿於仁義禮樂之別名，而不知仁義禮樂皆「道之異名」，也就是說它們都是「道」本身，不過是在各個領域中的不同表現罷了；二則裂「人心」與仁義禮智信為「二」，不知仁義禮智信都是「人心所自有」，即「人心」本身。顯然，慈湖的學術生命即在彌合這二方面的「裂」。

綜上所述，許多儒者視「禮」出於「天理」，由「天」的神聖性為「禮」尋找到權威性，使人們勤於循「禮」；慈湖則以「禮」出於「心」，從先驗的本體之「心」的至高至善來支持「禮」的崇高地位，也使人們心服口服地踐「禮」。兩者的路途不同，目的則一。慈湖之「禮」論與許多先儒看法的重大不同還在於，慈湖把具有某種外在強制性之「禮」與主要求之於人內在自覺的「德」合二為一，借助於後者消彌前者的強制性，使「禮」與人之「心」、「性」合，以使人從被動型地循「禮」轉變為主動自覺地遵「禮」；消解人們循「禮」過程中的任何不適感，達到其樂融融、從容中道的境界。

也許當代人無法信服「禮」出於「天經地義」或「本心」，但先哲先賢的孜孜以求，那艱難曲折地探索，說明了一個重要的問題，即：社會的制度、規範、準則必須要有一個形而上的支持理由，否則人們很難信服，無誠信的態度當然也就不會以之而行了。但忙碌而複雜的當代生活，層出不窮、花樣翻新的各類規則，使人們很難體驗到它們有何先驗的理由，於是，當代社會之「禮」很少有人自覺自願地遵循。這樣，現代國家往往輔之以嚴刑峻法強迫人們接受「禮」，或者以金錢財富引誘人們為之，這也許是必要的，但終歸是有局限性的。

慈湖先生極力維護人「心」、「性」、「德」的超驗性、至善性，

而先儒則維持「天理」的神聖性、至高性，二者的努力，至少啟迪人們要保持一種終極性追求和尋覓的熱情，從實在的物質之外，現實的社會之上，去與「本根」、「本體」、「道」相親近，相融匯，相合一。也許，這正是當代社會重構人們自覺循「禮」的重要途徑。此外，慈湖先生合「禮」與「德」為一的理論尤為重要。當代社會，把「禮」歸之於法制的範疇非常普遍，但不要忘記，使制度性「禮」的某些部分化為道德的原則，也許更有利於該「禮」的實施。因為道德求之於人們「心」、「性」的悟覺和行動上的自願，「禮」則求之於外部的懲罰性措施。自覺自願地為之與被迫地去做，效果顯然是前者更佳。當代社會法律的嚴密固然需要，而呼喚人們的「良知」，人們的道德意識和自覺，也是至關重要的。因為這是社會和諧發展，人們幸福生活的重要基礎。

第七章　慈湖之「人」論

　　中國傳統儒家學說之根本精神，要在使人成其為「人」，也就是說，儒家學者關注的是提升人的生存境界，促人擺脫肉體的限圍和束縛，從僅僅注重個人的生理性欲求上升為關切精神的安頓、心理的平衡、思想的昇華。慈湖先生承續這一大傳統，十分注意使人超越個體堅殼的局限，從僅僅關心個人的物質性生存狀態的「生理人」，提升為關注個體生命的安頓、精神性追求的「心理人」；次之，慈湖先生又希望人們超越僅僅關切自我生存狀態的「個體人」轉化為建立在「類」的存在方式之上的「社會人」，關切人與人之間關係的調整，關心國家、民族的生存，關心社會和諧地發展等等；慈湖還特別注意使人破除私心雜念，從僅僅追逐己利己譽的「自私人」轉變為視天下萬物人我「無一物非我」，真正立於「無我」的基點上思考人類之命運、萬物之生存、宇宙之存在的「大公人」。這些構成了慈湖完整的「人」論，它是慈湖「一」論、「心」論、「知論」、「德」論和「禮」論的最終理論歸宿。

一、從生理人到心理人

　　人都是生理人：有各種生理性器官，派生出各類機能，為維持其活力，必須攝取物質，消化物質，吸收養份，排除廢物。是為所謂「肉欲」；在生理人的基礎上，人又有了精神，有了心理性活動，

是為「心理人」。人的觀念、意識、心理活動等能加強「肉欲」，亦可抑制「肉欲」。在慈湖看來，人們應該強化心理人的生存狀態，盡量抑制生理人的存在狀態；其次，改造心理人，使人的精神活動完全符合「道」、符合「心」的要求；最後則完全過渡到心理人，徹底忘懷人的生理性存在。慈湖先生寫道：

> ……夫人之所以為人者，以其神也。神無形，無形故無限量。《易大傳》言：範圍天地之化；《中庸》言：聖人之道，發育萬物。聖人與人同耳。聖人先覺我心之所同然耳。舉天下萬古之人皆能範圍天地，發育萬物，而人自不知也。知人之神，心無方無體，無所不在，則知鬼神亦無所不在。❶

慈湖先生以「神」為人之所以為人的本質，其良苦用心在於：如果人僅以生理性存在為人之本質，必無法擺脫肉體的限圍，無法與天地之化、宇宙之本相往來、相溝通。人生理性存在派生出眾多的肉欲，每日每時孜孜以求，疲身心於物質利益的獲取，當然眼光短淺，境界低微。慈湖指出，當人以「神」──即心理人的形式存在時，就能以無形無方之「神」去「範圍天地之化」，去「發育萬物」並與千古聖賢同「心」。如此人還能「與天地參」，而非僅僅局限於個人之事；就能與萬化同一，而非限圍於肉體的束縛；乃至於躍出生理性的疲憊存在，去體會心理性存在的那種「天人合一」、無所終窮形成的至「樂」。所以慈湖嚴屬批評許多人滿足於生理人存在的現象：

---

❶　《慈湖先生遺書》卷一〇，〈家記四・論論語上〉

……孔子曰：未知生，焉知死？未能事人，焉能事鬼？生死一，人鬼一。孔子未嘗言無鬼神而子游敢於言無鬼神，是奚可。人惟不知生，故不知死；不知人，故不知鬼神。人寢不離床而夢登天，夢之千里之外，豈七尺之軀所能圉哉。人執氣血以為己，執七尺以為己，故裂死生、判有無、殊人鬼而不知其未始小異也，不知其未始不一也。❷

所謂「氣血」、「七尺」，皆為生理人存在，慈湖先生以人夢中神游為例說明人僅僅執著於生理性生存是錯誤的。在他看來，人肉體是極有限之物：時間上看生命短暫；空間上瞧體積微小。而若從心理上、精神上體驗，則人可以超時空、合古今，達於永恒，即體會到死生為一、有無為一、人鬼為一。

如此說來，人之存在本質應為「神」、應為心理人，可世人為何又常常以己為生理人呢？人們又怎樣超越生理人存在而達於心理人的存在境界呢？慈湖先生分析道：

……孔子曰：不知命，無以為君子也；不知禮，無以立也；不知言，無以知人也。人之所以營營不已，意欲前進者，以不知命也，苟知命，則吾之所處皆命也。貧富命也，貴賤命也；其居此位，處此室，衣此衣，食此食，毫髮皆命，非人之所為也。則庸何求，無求則無所用其思慮。❸

---

❷ 《慈湖先生遺書》卷九，〈家記三‧論禮樂〉

❸ 《慈湖先生遺書》卷一一，〈論論語下〉

　　生理人的特點就在於人的「意欲」多，由此引起各種你爭我奪的行為，此即所謂「營營不已」。因為人的欲望無休無止，故人們汲汲於私欲滿足的追逐行為亦無有止息之時。「君子」是一種心理人存在的方式，他視任何生存的狀態，無論是貧還是富，是貴還是賤都是「天」之所「命」，即「天道」如此，非人力所可損益。既然如此，人們便可無所求，便可息「思慮」。在慈湖看來，物質欲求的降低乃至消彌，自然伴隨著精神人、心理人存在的強化，這才是「成人」之道，慈湖繼續推論道：

> ……聖人謂時習而說，斯可言學。苟未能無時而不習，有斯須之違焉，不可言學；或自以為時習矣，有滯留之意，無油然之樂，亦不可以言學；時習而說此，善學之驗。大哉聖言，洞照學者心術之隱微，萬世不可違，其有違者，所學必非，千失萬過，孰不由意慮而生乎？意動於愛惡故有過，意動於聲色故有過，動於云為故有過。意無所動，本亦無過。……❹

　　慈湖所云之「學」，如前所述，絕非文字技藝自然知識的學習和掌握，而是自明本「心」、本「性」，亦即體「道」，這是人由生理人轉化為心理人的根本。在慈湖看來，人「心」本仁，大「道」在我，無所不通，無有不善，但人往往只意識到自我的生理人存在，湧動著無數的「人欲」，它將人的清明之「心」、「性」遮蔽了。為「學」就在去除此「蔽」，自明本「心」。「學」之關鍵在「時習」，要隨時隨處地體認本「心」、發顯本「心」，做仁義忠恕孝悌之事，行合符禮義信誠之事。也就是以心理人的存在方式為人處世。慈湖

---

❹　《慈湖先生遺書》卷之二，〈樂平縣學記〉

認為，此為「學」有三階段之分：一是人們有為「學」之願，亦「學」之，但時時有違背本「心」之行，這嚴格來講還不是「學」；次之，人們自認為能「時習之」，但有滯礙，達不到「油然之樂」，這亦不可言「學」；再次，人們既能「時習」，又達至「說（即悅）此」，則可謂「善學」。這三階段實質上是人從生理人過渡到心理人的整個過程。人們一開始可能悟解到人生理性存在的低下性，一心嚮往踐履人倫道德，但時常有私欲冒出，還不能成為心理人；然後，人們也許意識到自我精神性存在的重要性，無時無處不以精神性準則要求自己，但常常感受到這些準則對自我的束縛和限制，故而還不是真正的心理人存在；最後，人們既能自覺地以精神性準則為行為的規範，又以之為人生命存在本身，覺得無此人生就沒有任何價值，有此則「樂莫大焉」。此時，外在的束縛轉化成了人心理欲求本身，一種和樂的情感使準則成為人「心」、「性」的自然流露，一個純粹的心理人就這樣誕生了。慈湖相當具體地說明了人的這種蛻化過程：

> ……《書》曰：安女止。良性寂然清明而不動，自知自信自清自寂自止。雖萬變萬化，交擾參錯而實無所動，故曰至，又曰止至矣。止至何以學為？吁，本心雖明，故習尚熟微，蔽尚有意慮萌蘗，即與道違，道不我違，我自違道。有我有違，無我無違；有我斯動，無我無動。我本無我，意立而成我。日至之外，猶有違，意起而動故也。日至則益熟矣，日至之外，猶有違，亦意起而動故也。至於顏子三日不違，益精益一，三月而往，猶微有違，不遠而復純一。如故不動，如故變化云為，皜皜精白，是謂時習而說之學，是謂文王之德之純，是謂惟精惟一，允執厥中，是謂吾道一以貫之，是

謂天下萬世生民自有之性。**❺**

「有我」者，即私欲常常勃發之生理人也；「無我」者即與清明本「心」合一之心理人也。人從生理人過渡到心理人非一日之功，非作幾件事就能達到，它需日積月累的「時習」， 才能臻於「德之純」、「惟精惟一，允執厥中」的純精神性、心理性的存在。

當然，慈湖百般推崇心理人，推崇人精神性的存在，並無讓人拋棄生理性存在、拋棄肉體生命。這與佛教不同，佛法認人肉身是欲望產生的罪惡深藪，故它是「臭皮囊」，必去之（「圓寂」、「涅槃」）方可直達「極樂世界」。 慈湖的看法則是，人雖然應達於精神性、心理性的存在，但絕非棄生理之身如蔽屣，因為人生理性之死，就無從談起人精神性生命和心理性存在。慈湖「人論」的根本意圖為：人應該也必須通過「窒欲」、「息意」等途徑超越肉體的桎梏、擺脫物質對精神的壓抑，從而使人的生理性生命昇華至心理性生命的高層次，以「心」、「性」之明矯正人現實的言行，使人的生理性存在符合先驗之「禮」、 之「德」的要求，而這整個過程又要達到其樂融融的精神境界。

二、從個體人到社會人

從生理人到心理人，是人們從對肉體性欲求的重視轉變為對精神性生命的關注；但是，人不應只關注個體的精神生命，而且要進一步把個我的精神生命與他人（一切人）的精神生命努力溝通，處理好各種人際與社會（國家）的關係，只有這樣，個體人才轉化成

❺ 《慈湖先生遺書》卷二，〈樂平縣學記〉

了社會人。

　　人在現實生活中，很容易陷入區分你、我、他的狀態。每個人有不同的天賦條件：相貌、性格、聰慧程度、出生時間和地點等等；每個人又有不同的後天因素：教育程度、貧富貴賤的差異等等。所以在許多人眼中，我與他自然有別，我與你當然亦有區分。如此，個人易躲入個我的堅殼，唯個我之利益是求，唯個我的想法為正確，唯個我的行為才是至高無上的。這種狀況是慈湖先生深惡痛絕的，他鄭重地提出了「人道」的問題：

> 子曰：若臧武仲之智，公綽之不欲，卞莊子之勇，冉求之藝，文之以禮樂，亦可以為成人矣。人道大矣，與天地並名三才。非得道者不能而孔子止云爾者，正以明夫道者道路，物皆由之，無所不通之義。本無實體，人性即道，惟意起蔽興，故智不明，故不能無欲，故懾而無勇，故陷於孤靜而無藝，故禮樂不備，誠兼此數者，非道而何。❻

　　「成人」之路實則是人們從個體人向社會人的蛻變。「智」為「知」，聰慧且知「理」之謂，亦即對「人道」體會是否快且理解的深；「不欲」者，即不以私欲為求也；「勇」為對正義之事奮不顧身之意；「藝」是藝術文學；「禮」、「樂」是社會的制度、規範及音樂歌舞、和樂的心境等。可見，具備「智」，可使人認清自我的社會性存在比個我性存在更為重要，由此出發，就可不以自「欲」是求，而為他人著想；也就能為別人、社會（國家）的利益和事業奮不顧身；也就能學「藝」、習「禮」、和「樂」。人也就在精神上和

---

❻　《慈湖先生遺書》卷一一，〈家記五・論論語下〉

現實行為中，都昇華入社會人的境界。反之，人「意起蔽興」，私「欲」多，「智」不明，也就難以無所畏懼，也就「無藝」、廢「禮樂」，此時，人成為純粹的個我之人，不僅是孤獨的，生存也是極其艱難的。慈湖將兩種狀態之人稱為「君子」與「小人」，並諄諄教誨人們說：

> ……孔子曰：君子無所爭。老子曰：天道不爭而善勝。人情率喜爭，豈以爭為美德。私意作於中，好己勝而恥於下人故爭。不思爭則為君子，爭則為小人；爭則違天道，上帝所不與，禍災隨之。故好爭者多敗家遭刑。願父老訓諭子弟切勿爭，敗家遭刑，自取貧困，自陷於小人之域，戒之戒之。小人以求己勝為榮，君子以求己勝為辱，以求己勝者小人也。天道虧盈而益謙，人道惡盈而好謙，鬼神害盈而福謙。謙即不爭，謙反尊光，公不與爭光而取虧害，利害甚明，願父老從容暇日，審思詳慮，與子弟其議，切勿以奢為榮，當以顏子簞瓢為榮；切勿以好爭為榮，當以不爭退遜為榮。……❼

　　放眼觀望世間，人何以喜「爭」？當然是立個我之立場，唯我之利之欲之好是求，唯我之惡之害之禍是去，故爭這爭那，躲這躲那。人人如此，必「爭」個你死我活，致使人無善終，家無寧日，國無安穩，整個社會將混亂不堪。慈湖認為，「君子」者，不以己勝為榮，亦即不以己獲為喜，這就躍出了個體之人的限圍，具備了社會人的身份。若人人如此，則人人向善，不爭只讓，不以己得為得，不以己獲為喜，成為謙謙君子，那麼，人與人無爭，「家」則

---

❼　《慈湖先生遺書》卷四，〈永嘉勸農文〉

安、「國」則治，人則其樂融融，整個社會穩定和諧。慈湖把「不爭退遜」、「謙」等為人處世之道，視為天「道」之原則，其反面的好「勝」喜「爭」、「奢」侈成風等等視為「鬼神」都會降罪的事，其良苦用心在勸人為善，促人從個我的存在進入社會人的存在。慈湖描寫社會人之態貌時云：

> ……子曰：君子義以為質，禮以行之，孫以出之，信以成之，君子哉！此言學者之序。義以為質，則己私不存，洞然無我；全體為義而行之，有重輕進退之節，是為禮；至於孫以出之，則純熟和順至矣；至於一，出於誠心無有他而自合乎義，自中乎禮，自孫出而順乎是謂成。❽

成為「君子」，即社會人的關鍵是「己私不存」，當一個人無任何私心雜念時，自無比試搶爭之思之行，而全然能按道義之規則為人處世。所謂「無我」的存在也即是破除個我的堅殼達到社會之我的境界。人的現實存在表現為你、我、他，似乎都是個我的；但人的精神、觀念卻可以昇華為「人」的，即你、我、他合為一體的「人類」。駐足於這種境界去做，當不會為己著想，而只為他人、社會著想。慈湖先生甚至認為，人不如此，那就「何可齒為人哉」：

> 人生天地間，所以相處群而不亂者，以其有此心也。無是則相誣相罔相詐相奪，亦安能一日而處。今人平居暇日，所與人交，苟未睹利害，往往皆誠實語，有物奪之則偽耳。人惟不知自有良知。昏蔽既久，奸詐日熾，至以機變為巧，不復

---

❽ 《慈湖先生遺書》卷一一，〈家記五・論論語下〉

知恥，見偽詐之巧者則喜，見信實之人則竊笑，又從而譏誨
甚，至父子兄弟之間無所不用其詐，此與禽獸鬼魅等耳，尚
何可齒以為人哉。❾

　　在慈湖看來，人先驗的「信實之心」、「良知良能」是人存在之
本，有是則人和社會安定，無是則人相鬥社會動亂。所以當人們以
社會人的身份出現時，可「群而不亂」；　而人們僅僅以個我的身份
處世時，便無法「群」，　無法和平相處。慈湖還特別指出，人們無
利害衝突時，許多人都表現出信實之心，可以相安；但一遇物質利
益，則人棄「良知」，相與使機詐，互爭互奪，以至由社會而家庭，
「無所不用其詐」，　人也就不成其為人，與禽獸鬼魅相同矣。這並
非說，人變成了禽獸鬼魅；而是說，人之行人之言已不像個「人」
了，已不是個「人」了。如此就必須「改過」，以復人之行人之思：

　　……大哉改過之道乎！有過而憚改者，不能自訟也，惟賢者
　　為能自訟，惟賢者為能改過。聖人不貴無過，貴改過。成湯
　　之聖改過不吝；子路大賢，聞過則喜。子貢曰：與之君子其
　　過也，如日月之食，人皆見之；及其更也，人皆仰之。❿

　　人若成了非人，即只知個體人的生存不知社會人的存在，只思
利而不關心他人和社會。這種人並非不可救藥，在慈湖看來，這是
「過」，故必須「改過」，關鍵在自我反省、自我覺悟，這就叫「自
訟」。任何人不能無「過」，要在能否通過「自訟」來「改過」。所謂

---

❾　《慈湖先生遺書》卷一〇，〈家記四・論論語上〉

❿　《慈湖先生遺書》卷二，〈莫能名齋記〉

「聖人」,「賢者」即能做到這一點,所謂愚者,不肖者即不能做到這一點。普通人一旦做到了,則立即能成「聖」成「賢」。

慈湖人存在模式的轉換學說,有極大的開放性,人由個我變而為社會之我的「大門」是全部徹底敞開的。這可以增強人們的自信心,促人向成「聖」、成「賢」之路奮進,這種開放性實為中國傳統「心學」的重要特徵之一。

三、從自私人到大公人

人從生理人轉變為心理人、從個體人變而為社會人,還非慈湖「人論」的終極目標。其欲以實現的人存在模式的理想是成「聖」與「賢」。聖、賢固然是心理人和社會人,但他們不僅僅局限於此,還擁有悲天憫人的胸襟,有宇宙的宏闊視野,其生命與天地萬化同流。因為此,他們在精神上深深體會到無論是人間之事還是自然的萬物都與己同,得失毀譽無動於心,這就是所謂「大公人」。

仔細反省人的生存狀況,可以發現,人在生活中,總伴隨著許多私心雜念,做很多謀私利之事,即便許多人從事道德的踐履、去捨生取義、殺身成仁,主觀上也是想博得生前的美譽、地位和死後的不朽,嚴格來講此仍然屬於「自私人」的範疇。「大公人」視天下萬事萬物「無一物非我」,故完全摒除了私心、摒除了雜念,其做這件事只是做這件事,從不考慮與己有何利益得失,因為在本體的層面和生命存在的層面一切都融匯為一了。由此,大公人能獲得無上之「樂」。

慈湖先生指出,自私人亦有「樂」,但與大公人之「樂」完全不同。後者的「樂」叫「天樂」,是溝通天地萬物人我之後獲得的

至「樂」；自私人之「樂」叫「人樂」，是汲汲於己利、獲得了某種小「利」之後的竊竊自喜。慈湖云：

> 有朋自遠方來，不亦樂乎？此愛人之心也，此廣大之心也，此不自私之心也。有朋自遠方何為乎來也，以好善之心來也，則吾樂與共之，樂吾之善益有不自知其所以然而然，此天樂也，非人樂也。楊朱拔一毛利天下不為，固無是樂也，此則異端之道，非天地大公之道也。莊子謂楊朱得道於老聃，則亦非碌碌者矣。蓋知有己而己不知他也。見天地間未始有一物而不見天地間未始無萬物也。知一而不知十百千萬也，知靜而不知動也，溺心於小而不知大也。……⑪

　　「朋」是泛稱，人人皆可為「朋」。 慈湖釋孔子「有朋自遠方來，不亦樂乎」， 提出的正是一個「自私人」和「大公人」的區分問題。楊朱之類「拔一毛利天下不為」者自然是「自私人」，「自私人」以己之獲為喜為樂，卻不知天下萬物萬事無限其多，個人怎可全獲？況且以有限之生理生命、有限之個體之人又能獲取多少呢？故而，由己獲而得到的「樂」僅是「人樂」。 其次，以己獲為樂，必貪婪，必偏險不正，必疲精疲神於名利場，取得「甲」所獲得的「樂」很快便消失於欲求「乙」的期待之中，因此，「自私人」之「樂」為短暫，而其受欲求煎熬之「痛苦」則是恒久。可見，此「人樂」既短又非真正的「樂」。 具備「天樂」的大公人則不然，他們不會因為「有己而不知他」， 直視人世間芸芸眾生皆有「善心」，故都與己一體；他們認宇宙萬物為「無物」， 因為都是本體之「心」

---

⑪　《慈湖先生遺書》卷一〇，〈家記四・論論語上〉

的顯觀，故而亦與己一體。如此，人之私念廓盡，「大心」而處世，天下無一人不是「朋」，宇內無一物不是「友」，何處不「樂」?何時不「樂」? 此「天樂」既恒久又發自內心，無有消彌之時。可見「大公人」借助於本體之「心」而超越了生理生命、個體生命的限圍；獲得的「天樂」自然而然。這種獲「天樂」的大公人實為「聖人」，慈湖寫道：

> 曾子曰：參聞之夫子曰：陽之精曰神，陰之精曰靈。神靈者，品物之本也，而禮樂仁義之祖也，而善否治亂所興作也云云。是故聖人為天地主，為山川主，為鬼神主，為宗廟主云云。天地之間非陽則陰，非陰則陽，陰陽之氣雖二而神靈之道則一。風雷電霧雨露霜雪霰霓之所以變化者此也；羽毛鱗價倮匈之所以生成變化者此也。萬化萬物雖自神自靈而不自知，惟聖人自神自靈而又自知。自知則明，明則通，則無所不通，故四靈役於聖人。……⓬

「聖人」之能為「天地主」、「山川主」、「鬼神主」、「宗廟主」，是因為其是「天道」的化身。自然之物與有生命之生物，其發生演化皆為「道」，故都「自神自靈」；「聖人」又要強於萬物，因為其不僅「自神自靈」，而且還有「知」，能洞徹天地萬物之本，所以，能由「知」而「明」而「無所不通」。由這一視角看「聖人」，「聖人」是經由宇宙胸襟的途徑而實現其「大公人」的身份的。人為何「自私」? 要在眼光局限於所視之物，精神圍於所能取之物，殊不知萬物萬事乃一體一源，根本無所取、根本不必取。「聖人」以己與宇

⓬ 《慈湖先生遺書》卷一五，〈家記九·泛論學〉

宙合為一，故吞吐萬物、參與天地之發育，又何必去取物？這樣的話也就成為了至公的「宇宙公民」了。但是，不要因此而誤解「聖人」是「超人」，是與人世間隔絕的神靈，「聖人」實就是平常人，不過是體「道」之平常人罷了。慈湖先生強調說：

> 子食於有喪者之側，未嘗飽也；子於是日哭則不歌。於鄉黨一篇所載，皆非聖人之所勉強，為人之所不能，亦非聖人之遇此心而為此，皆聖人率此自然爾。大道在，聖人當哀而自哀，當樂而自樂，當敬懼而自敬懼，當舒徐而自舒徐，當微哀而自微哀，當極哀而自極哀，當甚敬而自甚敬，當小敬而小敬，不待斟酌審處。聖人之心自如此也，故曰：成性存，存道義之門，天下無窮之義皆自性中出也。❸

　　許多人把「聖人」當作偶像，當作難以企及的對象，故而放縱自我以致於無所不為。從孟子以來，歷代儒者就在百般推崇「聖人」的同時，反覆強調「聖人」就是平常人，「滿街都是聖人」。這種提法，無疑是想促人堅定成聖成賢的決心。但是，僅僅由先驗的角度，從人心性皆善的層面說人人都有成「聖」的可能性顯然是不夠的。慈湖先生根據《論語》的記載，認為「聖人」是有喜怒哀樂的平常人。一般人會「哭」的事，「聖人」遇之亦「哭」；一般人會「哀」的事，「聖人」也會「哀」；一般人「敬」之事，「聖人」也「敬」，如此等等。那「聖人」豈不與眾生完全一樣？非也。一般人在不當「哭」、不當「哀」時亦「哭」、亦「哀」；而「聖人」只是在當「哭」、當「哀」時才「哭」、才「哀」。君子、賢人比常人境界高

---

❸　《慈湖先生遺書》卷一一，〈家記五·論論語下〉

一些，他們能做到當「哭」才「哭」，當「哀」才「哀」，但是須費思索，總要想一想如何去做才符合「道」的要求。而聖人是從「心」而動，無有任何思慮；順「性」而為，沒有任何滯礙，也即慈湖先生所說的「不待斟酌審處」。可見，「聖人」之「公」已臻極境，他就是如此生活，無需任何勉強，自然而然地符合「大道」。因此，與「道」同一與否、同一的程度，決定了人是「聖人」，抑或「君子」、「賢者」，或為「愚」和「不肖」：

> 聖賢之等不同，聖賢之道同。道也者，所以明其無所不通之稱，惟同故通，不通無以謂之道。孔子曰：誰能出不由戶，何莫由斯道也。然則奚特聖賢之道同，雖愚不肖之道亦同。惟愚不肖由之而昏，賢者由之而明，聖人由之而大明。❹

「聖」、「賢」、「愚與不肖」在人之貌上是無法區別的，在人之生命境界上則有不同。雖然如此，他們所由之「道」是共同的，不過「聖」者與「道」完全合一，故「通」故「大明」；「賢」者能由「道」而行，亦能「通」，但只達於「明」；「愚與不肖」則不能依「道」而動，故不「通」亦不「明」。可見「道」是一，體「道」、行「道」的不同，遂區分出「聖」、「賢」和「愚不肖」。

至此，慈湖消解了常人眼中那種可望而不及的「聖人」，直使「聖人」平民化；次之，慈湖又填平了「聖人」與「常人」間似乎不可逾越的鴻溝，使每個人都既有成「聖」的先驗性基礎──善性；又有成「聖」的現實之路──共由同一的「道」。這些看法實用心良苦，使人人無任何藉口不積極上進，不去努力於成「賢」成「聖」。

❹ 《慈湖先生遺書》卷一，〈曾子序〉

實際上，「聖凡一體」，恰恰是慈湖「一論」在「人論」上貫徹的必然結果。

如果說，從生理人到心理人，是喚起人們注重精神生活的話；那麼，從個體人到社會人，則是要求人們須把群體生活置於個我生活之上去考慮；而從自私人變為大公人，就是要求人們從本根上體認個我與宇宙大道同體。從而「心」包萬物，「胸」容萬事，天下在我，於是，人們可體驗到物即我，我即物，我即他，他即我。如此的話，還有「物」、還有「他」、還有「我」嗎？人就可以進入融融洽洽不知終始的「無我」之境，「無我」者當然是徹底的「大公人」。

慈湖先生在《紀先訓》中云：「惟小人喜聲譽。夫大人者，量含太虛，天下如家，聲譽復炫耀何人？」「小人」喜聲譽，因聲譽本身即是私利，聲譽還會引發更多的私利；而「大人」者，其視天下「無一物非我」，又何要聲譽？已然「無私」，當然不需要「私」有之物。此「大人」恰恰就是「大公人」。「大公人」擁有一切，當然不必汲汲於一事一物的取捨；「大公人」因與天道為一，包容萬物，吞吐萬物，何所不樂哉。慈湖有〈明融〉詩詠此云：

> 妙妙融明樂未央，山川人物獻文章。
> 縱橫組織無邊巧，變化委蛇不可商。
> 北麓林塘秋靜螢，南山景氣曉蒼茫。
> 欲吟無句方徐步，忽報相從注早香。

又

妙絕虛明萬里光，融融靜靜渺茫茫。

其間變化無蹤迹，卻有方圓與短長。

仰首看空閒顧盼，聚頭竊語足商量。

竹梢忽作瀟然韵，飛碧雲門第一章。……❶⑮

　　慈湖詩未必特佳，但詩意卻表達了臻於「大公人」之後，其視自然山川與己一體達到的悠然靜謐。其能和樂融融，因為無任何你爭我奪之思之行；其能心境「靜靜」，因為無思無念，自然而然；其還能「渺茫茫」，因為超越了時空的局限而達於永恒不朽之域。

四、慈湖「人」論之檢討

　　儒學實為「為人之道」、「成人之學」。一個人若還是「生理人」、「個體人」和「自私人」，在儒學的視域中就被認為是「非人」。這並不是說，這種人沒有人之貌、人之思和人之行；而是說他們沒有按人之為人的本質去思去行，故而只能是「非人」。

　　儒學的「人論」立足點有二：一則人「最為天下貴」。一般人常認為人是天下最軟弱的生物之一。論氣力敏捷遠遠比不上許多動物；論生命力，遠遠低於許多動植物；且在天災面前，人往往是束手無策，任其宰割的。但儒家學者很早就達到認人為宇宙最尊貴者的共識：「人者，其天地之德，陰陽之交，鬼神之會，五行之秀。」❶⑯天地、陰陽、鬼神、五行皆自然之物、神聖之物，其精粹凝結成人，

---

❶⑮　《慈湖先生遺書》卷六，〈詩‧明融〉

❶⑯　《禮運》

人何以不「最為天下貴」呢？宋儒周敦頤云：「二氣交感，化生萬物；萬物生生，而變化無窮焉，惟人也得其秀而最靈。」❼人得天地之精華，當然與萬物相比而最為天下貴了。二則人何以「最為天下貴」？儒家學者大多認為，人得天地日月之精華而成為「最靈」者，表現在人能按一定的規則行事。荀子云：「水火有氣而無生，草木有生而無知，禽獸有知而無義，人有氣有生有知亦且有義。故最為天下貴也。」❽「水火」與「草木」相比有「氣」而無「生命」；「草木」與「禽獸」相比有生命卻少了「知覺」；　只有人不但有「氣」、有生命力、有知覺感受，而且還有「義」。「義」者，宜也，即應當這樣而不那樣去思去行的準則。在荀子看來，人有「義」，　才能結成社會的「群」，　這是「人定勝天」的根本原因，也是人之為人且優於萬物的本質所在。董子說：「天地人，萬物之本也。天生之，地養之，人成之。天生之以孝悌，地養之以衣食，人成之以禮樂。三者相為手足，合以成體，不可一無也。」❾人為「天生」、「地養」，「天」生人，立之以「孝悌」，而人除從「地」獲得物質以生活外，就應制禮樂、遵禮樂以受天之「孝悌」。「孝悌」原本為人倫之準則，在此被董仲舒升為「天」本有之性質，這就增強了人踐行孝悌的自覺性。董氏認為這恰恰是堅持了「人性」，堅持了人之為人的那些準則。朱熹直承荀子之論，談及人為何「最為天下貴」的理由：

　　天之生物，有有血氣知覺者，人獸是也；有無血氣知覺而但

---

❼　《太極圖說》

❽　《荀子·王制》

❾　《春秋繁露·立元神》

有生氣者，草木是也。有生氣已絕而但有形質臭味者，枯槁是也。是雖其分之殊，而其理則未嘗不同；但以其分殊，則其理之在是者不能之異。故人為最靈，而備有五常之性，禽獸則昏而不能備，草木枯槁則又並與其知覺者而亡焉。❷⓿

　　人比之「禽獸」、「草木」、「枯槁」更優的原因，朱熹認為就是「五常」即「仁義禮智信」；而且此「五常」是人之性，也是人之為人的本質。

　　由以上論述可知，儒學的「人論」一方面走的是人本主義道路，對「人」推崇備致，把「人」在宇宙中的地位提得很高，使人充滿自信、自尊和自強；另一方面它又是「德」本主義，認人之為人的本質即在「德」，即在完完全全地按「仁義禮智信」等道德的準則行事。這種對「人」的理解，有其積極意義，使人認清自我在宇宙中的核心地位，強化踐履「德」與「禮」的自覺性，但這種「人論」缺乏對人在宇宙間的困境一面的體認，且沒有充分意識到人「知性」的可貴（儒者們把人的知性全部歸之於德性）和人物質欲求在人生活中的重要性。

　　慈湖先生的「人論」當然沒有脫離儒學的軌道，但他不僅注意人何以為人的問題，更重視人怎樣才能成為人的問題。他的學說特別突顯人精神世界的重要而降低人物質性存在的地位；特別強調人社會性的一面而貶低人個我存在的意義；極力推崇大公人的生存方式而要求人們徹底摒棄自私人的生活模式。人的成人之路為：「愚」與「不肖」之人要孜孜以求自明「本心」，使人內在之善性被認識和顯露無遺，此時人遵規蹈矩，合於「仁義禮智信」地去思去行，

<hr />

❷⓿　朱熹《答余方叔》

這就進至「君子」與「賢者」之境界了。「君子」與「賢者」心中所思，口中所言，行為中所做一般都合符禮義的要求，但不純熟、不自然，有時甚至有滯礙和違禮的舉動，這時人們必須堅持「一」論和「心」論，通過「知」論來體認天地萬物之「道」與吾「心性」一體，人踐履本「心」之善即是循天地之真，從而堅定循「禮」遵「德」的自覺性，並「時習之」，不懈地努力，最終把外在之「禮」內化為自我之「德」， 化強制性為自覺性；消不適感為融融之樂，從思之緊張和行之小心翼翼到從「心所欲」， 瀟灑自如，毫無勉強和做作。於是人們完成了從生理人到心理人、從個體人到社會人、從自私人到大公人的全過程，在生存與生活的境界上亦由「愚與不肖」而「君子」「賢者」而「聖人」。可見，慈湖之學就是「成人」之學，其構築的「心學」體系無一不是為其「成人」之論服務的。

平心而論，儒學及慈湖提倡的為人之學和成人之道，有其不可移易的真理。人脫離動物界而成其為人，得益於人的精神和智力；而人獲得較高質量的人的生活是因為建立了複雜的社會關係，這需要有一整套繁複的「德」、「禮」和「法」來維護，因之，人在生存中不應只看到自我肉體的需要，還必須充分意識到精神的重要性；不要只是追求個我生活的幸福，還應把社會生活置於優先考慮的地位；不應只是唯私利是求，還必須為他人著想，為社會發展做出貢獻。尤其是儒者們和慈湖先生提倡的與天地之本合一，與萬物之流合一的「聖人」境界，實是一種「生態人」。 因為在這種生存的境界，山河大地水流人類都呈現為「無一物非我」的狀態，人對任何物任何人都會湧現出愛之情和護之行，如此困擾當代社會的生態問題將不復存在。這也許難以實現，但不失為人類努力的一種方向。

上述傳統的思想資源和價值導向在當代社會顯然是有積極意

義的。但是，儒者們和慈湖先生為了推崇心理人、社會人和大公人，而犧牲人生理性存在、個我性存在及自私人存在的價值，認為後者都是「非人」這又失於偏頗。實際上，生理人與心理人的合一，個體人與社會人的合一、自私人與大公人的合一才是真實的活生生的「人」，因為前者是後者的基礎，無生理人安能有心理人？無個體人安能有社會人？無自私人安能有大公人？認識到這一點非常重要，因為只有如此，才能對人性較陰暗的一面有充分的體認，從而不僅提倡自覺之「德」，有一定強制性之「禮」，而且重視具有嚴厲懲罰性措施的「法」制的健全；此外還可以正確認識人們合理的物質欲望的重要性，從而做出種種努力予以滿足，這實際上是社會健康發展的前提。特別是，還能夠對人獨特個性的發展表現出寬容和尊重，對社會的多樣化趨勢表示出理解和參與。當代社會的穩定和發展決不可能建立在窒滅個我存在的基礎之上，而只能表現為多樣化的同一。

第八章 慈湖之「治」論

《宋史》卷四○七〈論曰〉:「楊簡之學,非世儒所能及,施諸有政,使人百世而不能忘,然雖享年,不究於用,豈不重可惜哉!」慈湖之學不為朝廷所用,著實可惜;但因此而說慈湖政績平平,則未免言失其實。我們由《慈湖先生遺書》得知,慈湖非但承繼、光大了傳統德政思想,而且提出了諸多獨具價值的政論,其政績之輝煌也令人刮目相看。

一、心政的理念

中國傳統的政治理想一般為「德政」或「仁政」, 所謂「道之以德,齊之以禮,有恥且格」,❶所謂「天子不仁,不保四海;諸侯不仁,不保社稷」,❷以道德教化治理國家成為傳統政治思想的主要特色。慈湖承繼了這一治政理路,但有所創發。這種創發就是將忠、信、孝、弟諸般道德歸為一心。所謂「孝弟忠信乃心之異名,力行學文乃心之妙用」。❸從而使「德政」、「仁政」變換為「心政」。

(一)心政提出的根據

---

❶ 《論語・為政》

❷ 《孟子・離婁上》

❸ 〈論書〉

　　由心出政，心正則政治，這是慈湖心學思想展開的內在邏輯。具體而言，慈湖由兩個方面說明了其「心政」存在的依據與價值。其一是從心性方面言之。慈湖認為，人心是至善至靈的，這種至善至靈之心極易感化。慈湖說：

> 人心易感化，以其性本善故也。曩宰樂平，政事大略如常，簡有施行而人心率向於善，由是知人心易感化。❹

　　正是立足於易感化的自善自靈之心，人的外在言論、行為便有良好的表現，守道的、太平的、繁榮的國家也由此出現。慈湖又云：

> 人性自善，人心自仁，其於父自然孝，其於君自然忠，其於天下自然是是非非善善惡惡，此之謂天下同然之心。❺

　　其二是從先聖教誨方面言之。孔子、孟子雖不直言「心政」，但慈湖認為孔孟政治觀念中具有導引「心政」方向的內涵。慈湖說：

> 孔子曰「政者，正也，子帥以正，孰敢不正?」又曰「其身正，不令而行，其身不正，雖令不從。」曰德，曰孝弟，曰神明，曰克艱，曰正其名不同，其實一也。❻
> 孟子曰：「仁，人心也」，又曰：「惻隱之心，人皆有之，恭敬之心，人皆有之，是非之心，人皆有之。」又指齊王易牛之

---

❹　〈論治道〉

❺　〈論治道〉

❻　〈論論語上〉

心曰：「是心足已王矣。」❼

孔子已將諸般道德視為「一」，孟子則明言「善（仁）心」足以王。如此看來，慈湖「心政」並非無源之水，而是有根之木。

（二）心政之表現

既然「善政」源於「善心」，那麼治政必以治心為前提。我們至少可以從三個向度觀察慈湖何以由治心達致治政。

1.政以合心而立：

政治制度、政令如何才可站穩足根並為廣大民眾接受呢？慈湖認為只要「合心」即可。慈湖說：

> 人心即道心，心本常，故事乎天下之眾心，而為政為事，則其政可以常立，其事可以常行。不合天下之公心而為政為事，則其政不可以常立，其事不可以常行。❽

立事立政之前提是合乎「天下之公心」，這個「公」字，使慈湖「心政」具有了民主性色彩；將「善心」與「公心」結合起來，甚至所謂「善心」乃「天下之公心」，是慈湖「心政」理念值得注意的特色。而由現代政治學觀察，不符合「公心」的政治制度、政令確實也是難以立的。

2.治災先治人心：

慈湖認為，自然現象與人的社會是相通的，自然災害與人的心

❼ 〈論治道〉

❽ 〈論書〉

靈具有感應關係。據此慈湖將自然災害的治理歸結為對人心的淬煉。
慈湖說：

> 天人一致，聖愚一性，兩陽一機，三才一氣。本氣太和，安
> 覩乖屬，民物紛紛，意欲焚焚，忿爭攘奪，情為萬狀，為臺
> 為忠，為悖為亂，感動上下，愆錯陰陽，豈天之為？實人咎。
> 是用齋禱，起民敬心，惟敬可以格天下，惟敬可以通聖，惟
> 敬可以致兩，惟敬可以致一。❾

　　自然的賞罰完全取決於人心善惡誠否，人心不誠不敬，則必遭
災害；反之則受益。慈湖由天下人之關係角度觀察自然降災於人的
原因，從而提出治心的必要性。這種思路不僅可以導引出建設人心
的理想，而且提示著人類對待自然方面的態度。但從具體的實踐言
之，將天災解釋為人心所致從而不採取其它實際的治災措施，恐怕
天災不會因人心之正而消匿。也就是說，治災歸為治人心是不夠的，
還要訴諸於相應的實際治災行動。

　　3.民治以君心為要：

　　就個體而言，自我之心是心；就國家而言，君心才是一國之心。
因為心聖萬物順，心正萬民正，因此治民得先治君心。慈湖說：

> 治天之道，本諸君心。古聖王以我所自有之本心感天下自有
> 之本心。《書》曰：「若有恒性，克綏厥猷，惟後禮樂刑政皆
> 所以維持此事，今周禮一書，可觀也。士大夫不知道，故不

---

❾　《慈湖遺書》續集卷一，〈祈雨〉

識禮樂刑政之原，是故禮非禮，樂非樂，刑非刑，政非政，
豈無善者，大禮失之，皆非所以，若恒性綏厥猷也，失上帝
所以命君司牧斯民之本職矣。」❿

德之在人心，人皆有之，非惟君天下者獨有也。聖人先得我
心之所同然耳，得其所同然者謂之德，同然者，天下同此一
心，同此一機，治道之機，緘總於人君一心。得其大綱，則
萬目隨，一正君而國定矣，選任自明，教化自行，庶政自
舉。⓫

　　君心秉承了上帝的智慧（命令），這種智慧即是「心之所同然」，
也是「治道之機」。 可見，慈湖「治民先治君心」觀念中包含著兩
種含義：一是對天帝意志的秉承，一是對萬民心願的體察。君心是
溝通天帝與萬民的橋梁，此心之重要自不待言。僅就政治目標看，
它是一種治綱張目的政治策略；而就道德理想看，它又是一種由仁
懷遠的道德關懷。其共同價值追求是「內聖外王」。

（三）心政之途徑

　　心是自善自神的，對慈湖而言，這已是善政的體現；不過慈湖
也認為，由內聖達到外王畢竟還需要一些努力。這種努力即是含攝
於心的「德」。慈湖說：

政事不出於德，非德政也。政非德政，苟非安而危亂矣。法
令不出於德則將過民之善，反以長民之不善。……禮樂不出

---

❿　〈論治道〉

⓫　〈論論語上〉

於德，則禮又不足以導民心之正而反以起民心之偽。任選不
出於德，則我既無德，亦不知何者為德，以賢為不肖，以不
肖為賢。……賞罰不出於德，則賞以行一人之私喜，罰以行
一人之私怒，兵財不出於德，則將不肖而兵惰……君無德而
為政，無一可者。**⑫**

因此：

大哉，德乎！天以此覆，地以此載，日月以此明，四時以此
行，萬物以此生，君以此尊，臣以此卑，父以此慈，子以此
孝，家以此齊，國以此治。故曰孝弟之至，通於神明，光於
四海，無所不通。**⑬**

「德」無所不通，無所不能，而所謂孝弟忠信仁義諸般道德乃
心之異名，因此「德」之無窮力量源於「心」。　這點，我們由慈湖
為實現「心政」而設計的可操作性的道德規範更能領悟到。

1.「克艱」以修己正人：

克艱云者，不放逸之謂也，不放逸則不昏，不昏則本善本明
本神之心無所不通，無所不治，無所不能，此至簡至易。**⑭**
帝王之德，初無甚高，難行之事，不過克艱一語而已，而遂
可庶政之咸，遂可致黎民之速化於德，可以使野無遺賢，可

⑫　〈論論語上〉

⑬　〈論論語上〉

⑭　〈論書〉

以使萬邦咸寧，其道甚易，其功甚力又甚敏。**⑮**

「克艱」是保持心本善本明本神之前提，也是心無所不通，無所不治之前提。作為這種前提的「克艱」是不放逸，即無所思無所為不起意。因此，所謂「克艱」即一種面對外界任何誘惑不作反應的修養工夫，表現出堅強的忍耐性格。

2.「知恤」以體察左右大臣：

> 休茲知恤，鮮哉！休者，嘆美之辭，謂夫茲乃致治之至要，而後王知以此為尤恤而深慮之者，亦鮮矣。嗚乎，茲誠立政之機要，雖四海之廣，夷狄之遠，其治亂其叛服，盡由此於此。**⑯**

「知恤」乃政治之要，何謂「知恤」？慈湖說：

> 休者以前言之甚美也，蓋治道不遠，近在王之左右，左右苟得其人，則君德烏得而不正？茲者，公指所言左右之臣也，令人言亦有此類，休絕句，茲亦絕句，謂治要在此。然知以此為尤恤者，鮮。使人君能尤慮乎左右之臣，則不肖無自而入，有治而無亂；有安而無危。**⑰**

「知恤」是要求人君以左右大臣為尤，時刻體察左右大臣之情

---

⑮　〈論書〉

⑯　〈論書〉

⑰　〈論書〉

形。具體言之則選賢任能，關懷生計和明察思想動向。慈湖認為，如是「知恤」，四海可懷之，夷狄可化之，叛亂可服之。

3.「敬信」以取信於民：

> 其能行者，言之事不敬，必失必害，無以出令。民無信不立，而況於君乎？敬而生信，治國之道，敬信為大，其次節用。❽

講究信用是儒家德政思想中一項重要內容。慈湖把誠敬視為「信」的基礎，認為誠敬才可生出可靠的「信」，並因此才能取信於民，得到民眾的擁護。這種建立在君民關係正確理解上的「敬信」觀，對於治國安民顯然有著實際的價值。

「克艱」、「知恤」、「敬信」是慈湖設計的治國之道三個缺一不可的環節，均為「致治之要」。「克艱」修己，「知恤」察臣，「敬信」愛百姓。這種由內及外、由近及遠、由此及彼的治政思路，完全符合慈湖「心政」理念。慈湖對「至治」有一個概括，這就是：

> 至治之道，在此不在彼，在爾不在遠也。此萬世不易之通論，論治者不能越之。子思論治天下國家，亦以修身為先導，尊賢次之，後儒亦曰王者在修身任賢而已。❾

也許這段話能加深我們對慈湖「心政」的體會。

---

❽　〈論論語上〉

❾　〈論易〉

二、慈湖政論

慈湖時期的南宋社會，依然處於動盪不安的狀態。慈湖針對當時社會狀況發表了諸多頗具建設性的政論。我們從《慈湖先生遺書》中列出其主要方面，並略加評述。

（一）擇賢久任

南宋時朝廷內訌比較利害，趙汝愚被罷事件正說明這點。慈湖認為要消除內訌，只有一個前提條件，即皇帝周圍臣子的賢德。因此對左右大臣，近臣小臣及中外之官要認真擇選，以用其賢能。慈湖說：「治亂之機在於此不在於彼，在近不在遠，的然無疑，確然無易，故持而言之，情狀切至於此。近治而後遠治，近臣賢而後遠臣賢，小臣雖卑賤而人主之德性實薰染漸漬於左右親近。孔子謂居其言善則千里之外應之，居室出其言不善，則千里之外違之，治亂安危之機，皆自乎近。可不謹乎？」❷⓿慈湖不僅認為賢德可以服遠，而且認為賢者應久任。因為在慈湖看來，堵截不肖者升官機會、裁減冗員、減輕百姓負擔，擇賢久任是一種極好的辦法。慈湖說：「久任則可以處乎至多之員；不可行，則國家設官分職將徒給養天下逐逐群群無德無行之士；久任則士大夫賢者能者國家選而用之，其不賢不能者，奚足惜。」❷❶「擇賢任能」是一項符合天下公心的任用官員的積極主張，也是對社會發展具有積極意義的任用官員的措施，是中國政治思想史中為先聖們不斷倡導的任用官吏之理想。「久任」

❷⓿　〈論治務〉
❷❶　〈論治務〉

是慈湖「自家」的貢獻，在當時顯然也具有非常現實的價值。

（二）罷科舉而行鄉舉里選

　　科舉考試是古代中國取士選官的一項基本方式，它不僅曾經有助於歷朝選拔官吏，對中國文化的發展也產生過積極意義。慈湖認為，科舉考試沿襲至兩宋，已經面目全非，與本來科舉考試之意圖相距遙遠。慈湖說：「自漢以來，古道兹喪，學徒陷溺於經說，琢壞道心，不務實際，唐鳥獸行，君臣相與，其勢竟逐於粉飾華藻。……本朝雖不廢經史而慮文陋習尚踵餘風，士子所習惟曰舉業，不曰德業。高科前列多市井無賴子弟，篤實端士反見黜於有司，何以德行為文華而尊榮相師成風，論肌浹髓，欲使事君而獲其忠，使怡民而民不被其害，可得哉？雖間得其人而亦無幾，仕宦大槩惟群飲求舉惟貸惟色惟苟且，甚者民思寢處其皮而食其肉。」❷慈湖將「虛文習陋」，「德行為文華而尊榮相師」之風、「無賴子弟之德」、「君子不得其忠」之狀均歸為科舉考試所為。這大概是對科舉制較早的一次批評。慈湖之所以對科舉考試如此抨擊，實際上還是科舉考試沒有將「德」的標準貫徹其中，所謂「惟曰舉業，不曰德業」。在此情況下，慈湖提出罷科舉而行鄉舉里選的要求。所謂鄉舉里選，是類似於根據公眾考察官員政績情況而決定官員取捨的一種方式。慈湖說：「月書季考，惟考實德實行，言辭不拘，鄉里自有公論。三歲大比與其賢者能者，以賓禮禮之，獻賢能三書於朝三省。」❷慈湖認為如此選撥官吏，可使「天下士心趨於善」。以公眾對官員政績的評價作為取捨官員的依據，反映出慈湖政治思想中惟實惟公之精神。

---

❷　〈論治務〉
❷　〈論治務〉

（三）罷設法去導淫

所謂「設法」是指縱民群飲，在當時又加上群官婢盛妝麗服，飾花木之房，慈湖認為此為導民致淫，需要罷黜。當時有些官吏反對罷「設法」，認為如果不設法則無飲者，課稅不收，財政大匱。慈湖親自「究知情狀利害曲折」，查得行都諸庫設法課利反少，諸庫不設法，課利頗多。慈湖在東嘉（溫州）、樂平都罷設法，不僅課利無損，而且除掉了導淫之根，收到很好的社會效果。❷❹

（四）募兵屯田以省養兵之費

南宋戰爭頻繁，養兵之費占國家財政十分之九，國家不堪負荷。慈湖提倡募兵屯田，他說：「補以屯田兵，則費可漸省，得良將善教之，可用也。況諸州守久任則守禦自備，大軍亦可漸減。」❷❺募兵屯田對當時疲於戰爭而財政匱乏的南宋而言，是有實際意義的。

（五）限民田以漸復井田

慈湖認為，占有田地不正常擴大，是貧富不均、兩極分化的基本原因，久而久之則成為導致社會不穩定的潛在因素。由此他提出限制民田不正常擴大趨勢以有計劃地分配田地。慈湖說：「田不井則貧富不均，貧民不足以事父母，俯不足以畜妻子，樂歲終身苦，凶年不免於死，救死不瞻矣，奚暇治禮義？無禮義則亂，亂則國危。」❷❻因此限田以復井田是一項緊迫的任務。慈湖說：「限田，井

---

❷❹　〈論治務〉

❷❺　〈論治務〉

❷❻　〈論治務〉

田之漸也，初限以寬，在限外者可減不可增，民析產異戶無時無之，漸析漸均矣，再立限漸減，又幾年則又漸析漸均矣。」❷限田以復井田作為一種穩定社會的策略，它反映出慈湖對國家民族命運之關懷，也體現出慈湖務實的治政風範。

此外，慈湖尚提出過「擇賢士聚而教之於太學，教成任務掌見邑里之學」、「教習諸葛武侯之正兵法以備不虞」、「漸罷和買折帛暨諸續增之賦及榷酤而禁群飲」、「修書以削邪說」、「禁淫書」等政論。慈湖把這些政論分為最急次急兩種，以參考行之。慈湖提出政論大多是自己親身治政體驗的概括，很值得珍視。慈湖說：「某為樂平為東嘉皆罷設法，酒禁亦寬，而酒課無損」；❷「曩宰樂平後守東嘉，略行己志，頗有驗效，於是，益信其可行，又信古者成人有德，小子有造，亦非高絕不可企及之事。」❷似可說，慈湖政論不是空談，也非聯想，而是其實踐經驗的總結。

三、慈湖政績

慈湖一生為仕，勤於踐履心學精神，其政績赫然在目。我們由《慈湖先生遺書》中列述其重要政績表現。

（一）整頓治安

五十二歲的楊慈湖出任樂平知縣，初入境慈湖便訪求民瘼，偶爾得知樂平城內有楊、石二少年無賴，此二少年無賴為非作歹，賊

<hr>

❷　〈論治務〉

❷　〈論治務〉

❷　〈論治務〉

害良善；恫喝官府，無法無天，樂平長吏卻利之為鷹犬。慈湖決心治一治楊石二少年無賴。慈湖接事不久，楊石二少果真猖猖然來到縣庭門前，慈湖雙目怒視楊石二少，命人提審圄中，體罰之後，曉之以福禍利害。楊石二少終感悟，願改邪歸正。此後樂平縣「夜無盜警，路不拾遺」❸社會治安得到整頓。

（二）秉公執法

三十六歲的楊慈湖任紹興府司理，主管監獄工作。慈湖對每個案件都悉心調查，毫末不鬆，中立無頗，惟理是從。一次，一府史得罪大帥，大帥命慈湖逮捕該府史，慈湖認為該府史沒有罪，不能從命。大帥怒氣更盛，但又不能屈服楊慈湖，便請人以調解。調解人責怪慈湖太固執，不能隨波逐流，慈湖聽罷氣憤不已，趨庭抗辯，調解者見慈湖不能屈就，便改容微笑並向慈湖道歉。❸紹興府司法風氣由此煥然一新。

（三）罷妓籍從良

慈湖認為，妓籍的存在，樂淫釣利，傷風敗俗，擾亂人心，尤其對血氣未定的青少年，影響極壞。在溫州任知縣時，慈湖開展了罷妓籍活動。「到郡之明日，妓群賀，即戒之，具狀來眾，亦未諭也，至則皆判從良去矣。異時督賊之吏星馳火駕，上下相束，皇皇不能以朝暮至，是寂無一迹，歷縣庭獨首移文，罷妓籍。」❸妓籍之

---

❸ 《慈湖先生年譜》卷一

❸ 《慈湖先生年譜》卷一

❸ 《慈湖先生年譜》卷一

罷深得人心，「軍民上下呼舞，載路如脫。」[33]

（四）消災賑民

紹熙四年，樂平久旱不雨，年穀大損。慈湖擔心有人屯積居奇，以致盜賊蜂起，他一方面向百姓講解聚民之政；另方面採取一些實際措施。所謂「效內自任，稍采鄉譽，分鄉職。曰糴、曰貸、曰濟、次第具舉。邑無可糴責之民廩；邑無可貸，清之倉臺；邑無可濟，移之上供。」[34]實際上是在官府與百姓之間對糧食進行調濟，對不聽勸告而屯積居奇侵害他人利益之人要嚴以正法。黃熠《古今救荒語民書》記載：「紹熙四年，樂平饑荒，村民攜錢市米，山路遇之，命縛而取之。邑宰楊簡曰：『此曹斷判則復為盜，配去則盜歸，斷一足筋傳部示眾，』一境肅然。」經過慈湖的努力，樂平雖饑不害，深得人心。

（五）修整軍律

淳熙十一年，慈湖任浙西撫屬，督三將兵，以恩信心得將士心腹，並以諸葛武侯正兵法調習軍隊。由此將兵和悅，軍政大修。[35]袁蒙齋〈慈湖先生陸君墓志跋〉云：「慈湖論兵主於不殺，講求諸葛武侯李衛公陳法。」 嘉定四年，慈湖知溫州時，適逢北方私鹽五百人入境，永嘉尉及水寨兵將其全部逮捕。慈湖得知此事後告誡官兵說：「賊徒五百，合家族何二千口，私鹽拒捕，相互殘殺便在頃

---

[33]　《慈湖先生年譜》卷一

[34]　《慈湖先生年譜》卷一

[35]　《慈湖先生年譜》卷一

刻。萬一召亂，百爾其死矣，奚贖也?」❸並對違命者行斬，郡官懇
致悔罪，軍紀也因此肅嚴。

（六）伸張正義

　　慶元元年，丞相趙汝愚遭韓侂冑等排斥。慈湖挺身而出，上書
慷慨陳辭為趙汝愚申辯，結果亦遭罷。「趙汝愚斥，李祥抗章辯之。
先生案學館舊事，請列笞不允告，同列人人相顧語難。先生曰:『拼
一死耳』，遂上書言臣與汝愚義合者也，汝愚豈每事盡善? 至被不
韙以出，則舉天下皆能亮其忠也。汝愚往矣，不當復來，今日之言
不為汝愚發，為義而發。未幾亦遭斥。」❸慈湖為正義而置身度外之
精神在今天仍是光彩照人。

（七）廉儉奉公

　　慈湖廉儉自將、奉養菲薄的高風亮節已為同時學人所稱許。朱
熹曾說:「太抵守官……以廉勤愛民為先幸。四明多賢可以久游，
……熹所識者楊敬仲、呂子約皆可以游也。」❸嘉定五年，慈湖知溫
州時，溫州人在吃方面非常講究，慈湖認為這是一種浪費。他告誡
家人，做官是為天子辦事，以百姓為貴，不能以民脂民膏自肥。這
樣才可能不督賦而財未嘗匱，不設法不立額而課未嘗匱。慈湖的表
率作用，使「閭巷雍睦，無忿爭聲。」❸

　　慈湖政績不可不謂輝煌，慈湖自己也因此而永存人民心中。茲

---

❸　《慈湖先生年譜》卷二

❸　錢時《慈湖先生行狀》

❸　《朱子文集‧答滕德粹書》

❸　《慈湖遺書年譜》卷二

舉兩例，可見一斑。

　　紹熙五年，慈湖因遷國子師而告別供職四年的樂平。有詩描述了當時老百姓感恩戴德而難捨難分之情形——

　　　　楊君解墨綬，去作國子師，邑人千萬戶，庶道嬰兒啼。曩歲
　　　　天苦旱，赤地無餘遺，饑殍千百羣，上山爭采薇，采薇有時
　　　　盡，詎能救長饑？慨然願自然，捨我將告誰？昧爽出聽事，
　　　　日暮忘遄歸，大家儲陳粟，出糶不敢遲，偷兒紛狗鼠，鋤治
　　　　如平時，一意手摩撫，如子得母慈，明年麰麥，比屋無流移，
　　　　史牒載循吏，於今親見之，我亦受一廛，惜哉輕語離，橋山
　　　　未訖役，酌錢疏酒厄，聊述路人頌，持作送君詩。❹

　　嘉定五年，慈湖因駕員外郎而離任「家家肖像祀之」的溫州，又是一番動人景象——

　　　　五年除駕部員外郎，去之日，老穉纍纍爭，扶雍緣道曰：「我
　　　　何翁去矣，將奈何？」傾城出盡哭。有幾戶曾遭徒亦手織錦字，
　　　　為大帷頌德政。❹

　　最後，我們用慈湖高弟袁蒙齋的話結束我們對慈湖政治業績的考察——「先生居處無一惰容，接人無一長語，作字無一草筆，立朝大節，正直光明，臨政子民，真如父母。」❹這種評價顯然十分中肯。

---

❹　《慈湖先生年譜》卷一

❹　錢時《慈湖先生行狀》

❹　《慈湖先生遺書》新增附錄

第九章 慈湖之「教」論

慈湖不僅在心學理論上獨樹一幟，在教育思想、教育實踐方面也有著豐富且具自己特色的內容。本章擬由教育思想、教育方法、教育實踐等幾個方面勾勒出慈湖教育思想的全貌，並試圖據此向讀者展示慈湖教育事業之精神。

一、教育思想

（一）「啟人心立乎其大」

以教育開啟人的潛在善性，是中國傳統教育思想一貫宗旨之一。孟子開其端，孟子說：「仁，人心也，義，人路也。舍其路而弗由，放其心而不知求，哀哉！……學問之道無他，求放心而已矣！」❶慈湖承繼了這一教育理路，但認為無所謂「求放心」，因為「心」是自善自靈自神的。慈湖說：

> 人心自神，人心自靈，人心自備，眾德不學而能，不慮而知。❷

---

❶ 《孟子·告子上》

❷ 〈論論語上〉

因此，學者學「心」，教者教「心」。慈湖說：

> 為學當以心論，無以外飾。❸
>
> 師者，所以傳道也，道非自外，至所以啟吾心之所自有也。
> 教者，豈能於學者所自有之外，別其一物而教之邪？亦使之
> 復其所固有爾，若使人不由其誠，則所教者，皆萬物，無以
> 學者事也。❹

既然教育只是啟心所固有之善，那麼所有向心外求學的行為，如求索於書本、如外表上的動容貌整都是多餘而不足取的。慈湖說：

> 善學易者，求諸己，不求諸書。古聖作易，凡可以開吾心之
> 明而已，不求諸己而求諸書，其不明古聖之指也甚矣。❺
> 伊川謂動容貌整，思慮則自然生敬，敬即是主一也。
> 主一則既不之東，又不之西，是則只是中苦也。人性自善，
> 何必如此桔束？孔子未嘗如此教人。但曰「居處恭，執事敬」
> 耳，但曰「約之以禮」耳，伊川之教固愈於放逸者，然孔子
> 曰：「過猶不及」，何則？其害道均也。❻

外表的「動容貌整」、求道於書本不僅是學無所獲的問題，且是有害於「道」的問題。慈湖認為，只有關注人心、啟人心之善的

---

❸　〈紀先訓〉

❹　〈論諸子〉

❺　〈己易〉

❻　〈論學〉

教育才可教化社會，才有助於社會治理。慈湖說：「善治國家，必以德教；德教行則治德成。」❼ 這顯然也受到孟子「善政不如善教之得民也。善政民畏之，善教民愛之；善政得民財，善教得民心」❽ 教育智慧的啟發，但在慈湖這裡，以啟人心浚人德為精神的教育觀念對社會，對政治更富絕對意義。

「先立乎其大」的教育宗旨，在於提醒個人時刻關注自我之「心」， 高揚「心」的善性，以便面對外界聲、色、淫、樂強大誘惑時，本正不動，因而它對昇華個體靈性以鑄造理想人格具有重要價值。不過，我們由人類歷史事實得知，人的外在行為不僅需要先驗自覺的引導，似乎也需要後天的培養和經過經驗的教育方能持守的社會規範，因此，慈湖教育思想中忽視外在知識與經驗教育的必要性則是值得我們注意的。

（二）「日用庸常是謂教」

教育僅為開淪人心，而且此心自善自靈自神，因而教育即要求每人每時以開淪自我心靈為要務。由此引出的教育行為便是時時為教，事事為學。宋明心學如是教育旨趣，實乃古代中國尚「自然之教」的教育習慣新表現。老子（生卒年不詳）由天道自然引出「無為而治」的社會教化原理；孔子認為自然界的春夏秋冬，風雨博施都是生動的教育材料──「孔子曰，天有四時，春秋冬夏，風雨霜露，無非教也；地載神氣，神氣風霆，風霆流形，庶物露生，無非教也。」❾董仲舒由「天人感應」引申出社會教化倫理模式。慈湖承

---

❼ 〈紀先訓〉

❽ 《孟子・盡心上》

❾ 〈論春秋〉

繼「自然之教」傳統，站在「此心自靈自神」的心學立場，借助釋氏「挑水砍柴即是道」的智慧，將教育從學府、經書中引向日常生活和行為。慈湖說：

> 古者聖王之所以教其民者，每每因其日用而寓教焉。……今周易之書具存，其所啟導人心至矣。周官因賓興賢能而致德，行道藝之教；苟惟民之所不用，而特致其教則難，以至因民之婚姻之禮，以寓其正德，因明之祭祀，而為祭祀之禮，以寓其正德。後世之為教也，惟恃詔令戒諭之暫聽暫規，其何能致化？ ❿

所謂教化、教育，要以日用庸常之事為基礎，因人因事因時而施教。根據這樣一種原則，教育並非高不可及，學問也不是神秘莫測，任何個別的、平凡的事中都含著深刻且豐富的學問，所以要「即事即教，即時即學」。慈湖說：

> 即事即學也，即此下筆處，即學也。⓫
> 道無大小，何處非道，當於日用之中求之，衣服飲食，道也；娶妻生子，道也，動靜語默，道也。但無所貪，正而不邪，則道不求而自得。⓬
> 事即學，事學有二，則亦勞矣。⓭

---

❿　〈論治道〉
⓫　〈紀先訓〉
⓬　〈紀先訓〉
⓭　〈紀先訓〉

事事即學，處處為道，事道不二，分之則廢。教育即是事，是生活，是人的存在。這種將教育生活化、實踐化、世俗化的觀念，是繼孔子「有教無類」之後中國教育史上又一次大變革，教育不僅是官府的事，不僅是先生的事，更是每位個體自己的事。慈湖這種教育情結，是其「此心自靈自神」心學精神的深刻滲透；那種「事事即學、無處非道」的教育智慧對於個體時時省己覺己切己從而培浚個體之道德具有立本之功效，尤其是以智慧教育為主流的現代，人們的精力為欲、為遊戲所支離所泯滅，立本的日用之教似乎有著非常現實之價值。

二、教育方法

使用怎樣的教育方法才能符合教育精神並達到預期教育目的？慈湖沒有標新立異，而是遵循其「教育以開淪心靈」教育宗旨引申出其教育方法，即「一貫之教」與「身教」。為了使讀者更能切實地體悟慈湖之教育方法、教育精神，本節末尾將列舉慈湖對學生提問的答問。

（一）「一貫之教」

何謂「一貫之教」？慈湖說：

> 孝弟忠信乃心之異名，力行學文乃心之妙用，一貫之誨已詳矣。❶

---

❶　〈論書〉

　　何謂「一貫之教」是將諸般道德化解為心，將教育行為歸為對「一心」的體驗。如此「一貫之教」並非慈湖想當然之物，有著哲學的、人性論根據。從哲學層面看，天、地、人、萬化為一。慈湖說：

> 某方反觀，忽覺空洞無內外，無際畔，三才，萬物、萬化、萬事、幽明，有無道為一體，略無縫罅，疇昔意謂萬象森羅，一理貫通而已。❶❺
>
> 天即人，人即天，地即日月，即四時，即鬼神，即禮樂之原。原無所本，亦無所末。本末之名，因人心而生，本末之實，不以人心而異。❶❻

　　天地人萬象萬化為「一」，其「教」無論從何處出發，當可「以一貫之」；禮樂之原在天，禮樂之用在人，「天即人，人即天」，其「教」亦當可「以一貫之」。

　　從人性論層面上看，慈湖認為人性本「一」，所謂孝、弟、忠、信、仁、義諸般道德不過是心性之殊相。慈湖說：

> 性體本大，因蔽而小，復因蔽去而大，其實復我本有之大耳。非體有消長也，自人物言之謂之性，自人物萬化莫不由之而言謂之道，自其絪縕和育發達言之謂之氣，自其萬事各有宜謂之義，自其惻隱謂之仁，自其恭敬謂之禮，自其誠實謂之

信。其實一物，特所以從言之異。❶

忠、信、孝、弟、仁、義諸般道德不過是本心本性之外在表現形式，而且如此諸般道德之善原善根在心在性，因而所謂「一貫之教」即是「以心貫之」之教。慈湖說：

> 曰德，曰孝弟，曰神明，曰克艱，曰正其名不同而其實一也。❶
>
> 性即心也，心即道也，道即聖，聖即睿，言其本謂之性，言其精神思慮謂之心，言其天下莫不由於是謂之道，皆是物也。❶

由「一貫之教」哲學的、人性論根據可以得知，「一貫之教」是從方法上對心學內容的提煉，牢牢扣住了心學精神；就方法本身而言，含有對教育聯繫性、根源性的卓越見解，這是慈湖對中國教育思想的一種貢獻。

（二）「身教重於言教」

人師重於經師是儒家教育的一個傳統，孔子言「其身正，不令而行；其身不正，雖令不從。」❷孟子說「身不行道，不行於妻子。

---

❶　〈論孟子〉
❶　〈論論語上〉
❶　〈論書〉
❷　《論語‧子路》

使人不以道，不能行於妻子。」㉑慈湖也非常注重「身教」在教育中的作用，對自家子弟、對學生都強調「親賢」的重要性。慈湖說：

> 吾家弟子，當急親賢。㉒
> 倘有志於學，見賢者亦學也，見不賢者亦學也，喜樂亦學也，尤苦亦學也。學此至，此學乃吾心之全體。㉓
> 人之大愚，在乎自滿而已，故終其身學無所成，善學者觀彼賢，則知己之不肖，彼遠大，則知己之褊小。㉔

　　「身教」是如此重要，它可讓人親見是非、目睹善惡，以調整自我言行與行為。相反，對於「經書之教」，慈湖則表現得十分淡漠。慈湖說：

> 學欲得要，則學不勞而成。文詞為道之蠹。㉕
> 善學易者求諸己不求諸書，古聖作易，凡可以開吾心之明而已，不求諸己而求諸書，其不明古聖之指也甚矣！㉖

　　異於「身教」的「經書」之教，不僅不能幫助開淪心靈，反而會支離人心，製造開啟心性的障礙。而「身教」具有可感性、典範

㉑　《孟子・盡心下》
㉒　〈紀先訓〉
㉓　〈紀先訓〉
㉔　〈紀先訓〉
㉕　〈紀先訓〉
㉖　〈己易〉

性、親切性等特點，受教育者易受影響、易接受。慈湖執教一生，
身體力行，以自己的風範沐浴學生，不愧為「百世之師」。正如王
應麟說：「先生立心以誠，明篤敬為主，立言以孝悌、忠信為本，
躬行實踐，仁熟道凝，盛德清風，聞者興起，可謂百世之師矣。」㉗

（三）慈湖對弟子問學答問輯錄

　　慈湖弟子個個好學，人人好問，慈湖也是誨人不倦，每問必答，
勤於點示。我們從《慈湖先生遺書》、《宋元學案・慈湖學案》中摘
錄部分答問，希望它有助於讀者對慈湖教育思想、教育方法的進一
步理解。

1. 尤樸茂問學，慈湖告之曰：「子姑學拱。」既數日，曰「可矣。」與
   之語孜孜，窮日不休。㉘

2. 王子庸問學，慈湖告之曰：「不假外求，本無可疑。」㉙

3. 舒益問學，慈湖告之曰：「孔子且發憤忘食，況後學之昏。能無
   隨物而遷，其日夜思省己過，兢兢而已。」㉚

4. 趙與籲問學，慈湖告之曰：「心之精神是謂聖，人皆有是心，心
   未嘗不聖，何必更求歸宿？求歸宿乃起意，反害道。」㉛

5. 張渭叔問學，慈湖告之曰：「心之精神是謂聖。」㉜

6. 張汾問學，慈湖告之曰：「心之精神是謂聖。孟子『仁，人心也。』

㉗　王應麟《慈湖書院記》

㉘　《慈湖先生年譜》卷一

㉙　《慈湖先生年譜》卷一

㉚　《宋元學案・慈湖學案》

㉛　《宋元學案・慈湖學案》

㉜　《宋元學案・慈湖學案》

人心即道，故舜曰道心。日用平常之心即道，故聖人曰中庸。庸，常也。於平常而起意，始差始放逸。」❸

7.桂萬榮問學，慈湖告之曰：「心之精神是謂聖。」❸

8.曾熠問學，慈湖告之曰：「易曰『百姓日用而不知』，日用豈無擾，擾乃變化，即天地之風雨晦冥也。君子見善則遷，有過則改，改而定矣。故孔子曰『改而止』改而不止，是謂正其心反成意耳。」❸

9.日本僧俊芿問學，慈湖告之曰：「心之精神是謂聖。此心虛明無體象，廣大無際量，日月云為，虛實變化，實不曾動，不曾靜，不曾生，不曾死，而人謂之動，謂之靜，謂之生，謂之死，謂之晝夜常光明，起意則昏則非。」❸

10.錢栖問學，慈湖告之曰：「孔子曰『天有四時，春秋冬夏，風雨霜露，無非教也。地載神氣，神氣風霆，風霆流形，庶物露生，無非教也。』誠甫領斯教也，毋惑昏。」❸

三、教育實踐

　　與教育思想、教育方法一樣，慈湖在教育實踐上也作出了重大成績。這裡我們擇取六項教育實踐向讀者介紹。

（一）富陽講學

---

❸　《宋元學案・慈湖學案》

❸　《宋元學案・慈湖學案》

❸　《宋元學案・慈湖學案》

❸　《慈湖先生年譜》卷一

❸　《宋元學案・慈湖學案》

　　二十九歲剛舉進士的楊慈湖，便出任富陽主簿。富陽商貿發達，生意人眾，但漠於教育，更不齒經書，致使盲民叢生，社會秩序紊亂。慈湖感覺不妙，立即採取措施；曉大義於宰，要宰知道百姓學道的重要性，並要求宰承擔起教化生民的責任；表揚鼓勵勤奮讀書者；慈湖嚴於律己，親自講習，作出了榜樣。致使富陽一時「興學養士，文風益振」。

（二）碧沚講學

　　四十九歲，慈湖應史忠定之邀講學於碧沚。全祖望〈鮚琦亭集外編楊文元書院記〉云：「文元之講學於碧沚，以史氏也，先是史忠定、王館、沈端憲於竹州，又延文元於碧沚。袁正獻時亦來預湖上，四橋遊人如雲，木鐸之聲相聞，竹州在南，碧沚在北。」如此簡約的描述足以使我們領略到當時慈湖講學之壯觀氣象。碧沚講學時，師事慈湖者主要是史氏家族人。史彌忠、史彌遠、史彌堅、史彌鞏、史彌林、史守之，史定之等都是慈湖的弟子。

（三）樂平講學

　　五十二至五十四歲，慈湖任樂平縣令。在樂平的幾年時間，慈湖重視教育、教化，他設社壇、興學校、親自講學，樂平人深受感動，致使讀書人「晝夜忘寢室」。錢時《慈湖先生行狀》云：「饒之樂平，故學宮逼陋甚，危朽相支柱，苟且旦暮。先生曰：『教化之原，可一日緩乎？撤，新之。』首登講席，邑之大夫咸會誨之。曰『國家設科目欲求實能，其理天下，設學校亦欲教養真賢實能，使進於科目，非其文而已。然士應科目、處學校，往往取經義詩賦論策耳。善為是，雖士行掃盡，無害於高科，他何以為？持此心談聖

人之書，不惟大失聖人開明學者之意，亦大失國家教養之意。人性至善，人性至靈，人性至廣，至大至高至明，人所自有，不待求。……敢先以告，每謂教養，茲邑猶欲使舉吾邑人皆為君子，況學者乎？誨之，諄諄不倦，劃除氣息，脫落意蔽，本心自無惡。」其言坦蕩明白，聽之者人人可曉，異時汩於凡陋，視道為高深幽遠，一旦得聞聖賢與我同心，日用平常無非大道，而我自暴自棄，自顛冥而不知，有泣下者，人齋舍晝夜忘寢食，遠近為之風動。」❸

又據《蒙齋集樂平慈湖書閣》云：「書閣之建，邑之令佐謝君溥，許君應龍，與乎有職於學者舒益君而下，凡十有四人薈萃。先生所著群書於閣，而率學子日觀習焉。蓋先生嘗宰斯邑矣，邑人沐先生遺化，歌思至今勿忘，倦倦於其書，如此書閣既成。」❸

可見慈湖樂平講學也產生了良好而久遠的影響。

（四）慈湖講學

六十三歲，慈湖築室德潤湖，並改名慈湖，講學於此。錢時《慈湖先生行狀》云：「築室德潤湖上，更名慈湖館，四方學者於熙光詠春之間而啟迪之。」楊慈湖曾有描述暢遊慈湖詩多首，其中有一詩曰「惜也天然一段奇，如何萬古罕人知，只今講學從游地，一聽思為一聽疑。」❹當年師生一問一答、自由爭論之景象躍然眼前。

（五）亭館講學

六十四歲，沈文彪景仰慈湖學問，築亭館延慈湖講學。據《戴

❸　《慈湖先生年譜》卷一
❸　《慈湖先生年譜》卷一
❹　《詩・慈湖》

良鄞游集沈明大墓志》云:「沈文彪以奧學峻行與楊文元為忘年交,
曾刖築亭館,招文元講道於其中。」❹

（六）溫州講學

慈湖任溫州知縣的具體時間已不可考,但據有關材料記載,慈
湖在溫州也是興教興學。《嘉靖浙江通志》云:「溫州永嘉縣慈湖橋,
守郡守慈湖先生立鄉校於此。」 為了使學者不誤入歧途,執著於心
學的教育方向,慈湖曾改養源堂為永堂。〈鄉記序〉為我們提供了
慈湖任溫州知縣時講學的大致情形:「楊某深信人性皆善,皆可以
為堯舜,特動乎意則惡。日用平常實直之心無非大道,此固不可得
而書。今姑仿周官書其敬敏任恤,書其孝友睦媚,有學邑官之賢者,
與主記之。賢士又能書其德行道藝,則尤其善者書善不書惡,其敬
其審,某能與四邑之士夫軍民共由斯道」❹勤敏、互相鼓勵、闡發
學問的價值意義是慈湖教育實踐的主要特徵。溫州講學期間,弟子
有周坦、舒衍、薛疑之、陳從、汪文子等。

四、慈湖教育事業之風格

通過對慈湖教育思想、教育方法、教育實踐的觀察,我們似乎
不難感覺出慈湖教育事業具有一些獨特的風格。這些風格是:

（一）「昇華自我」的教育追求

從教育立場上看,慈湖教育事業是站在心學立場上而展開的。

---

❹　《慈湖先生年譜》卷一
❹　《慈湖先生年譜》卷一

心學理念中有一個基本預設，即人心自聖自善自神自靈，因而在慈湖這裡，建設理想人格的過程即是致力於啟淪人心之善的過程。教育目標即是使人人知曉並持守「我即聖」，從而使個體之善彰顯於外。徐時榕對慈湖教育事業浚人格的宗旨是頗有見地的，他在《慈湖弟子考》中指出：「慈湖之學，以誠明孝弟忠信為主，而尤善提醒人之本心，謂道心大同，聖賢非有餘，愚鄙非不足。」❹慈湖也曾對自己以「立人」為核心的教育事業之成績感到無比欣慰。他說：「一二十年以來，覺於道者漸多，古未之見，幸多篤實，吾道其享乎。」❹就慈湖個人而言，他一生致力於教育、教化實踐的歷程，也就是完善自我、昇華自我的過程，是一個不斷提高自我精神修養和道德境界的過程：「彼有勇則知己之懦弱，有恥則所學未有不成，學者行己足矣，無求於外」❹這正是慈湖致力自我德性培浚的生動寫照。從慈湖教育學生方面看，「昇華自我」的教育追求也是赫然在目。我們由慈湖提供給弟子的眾多答案中不難看出，慈湖從不離開一個「心」字，要求學生明悟「心之精神是謂聖」的深刻內涵，不外求，不求歸宿，不起意，不放逸，存養自我即是大道。如是即乃慈湖教育之宏旨。

（二）「依自不依他」的獨立思考精神

崇尚獨立思考是慈湖教育事業的又一突出風格。以下幾個方面可以解釋我們這一觀點。其一，對經書的分析態度。慈湖並非不教人讀書，但卻反對迷信於經書。他教育學生在經書面前要立足自己，

---

❹　《慈湖先生遺書》新增附錄

❹　〈論治務〉

❹　〈紀先訓〉

獨立思考。他說：「善學易者求諸己不求諸書，古聖作易，凡可以開吾心之明而已，不求諸己而求諸書，其不明古聖之指也甚矣！」**❹❻**其二，對先聖不足的批評。慈湖認為，孟子所謂「存心養性」之說，有分心性為二之嫌，導致學者舍本求末。他說：「性即心也，心即道也，道即聖，聖即睿，言其本謂之性，言其精神思慮謂之心，言其天下莫不由謂之道，皆是物也。……孟子有存心養性之說，致學者多惑心性為二，此亦孟子之痴。」**❹❼**其三，就慈湖自己而言，他在象山之後，能倡心學於四明，成為象山弟子中著述最豐、學術成績最大、影響最廣的心學大師，殆不離其學業上的獨自創發之精神。慈湖同里暨學友袁絜齋（和叔，公元1144－1224年）說：「自象山既歿之後，而自得之學大興於慈湖，其初雖有得於象山，而日用其力，超然獨見，開明人心，大有功於後學，可不謂自得之學乎？」**❹❽**

（三）「教學相長」的平等作風

作為先生的慈湖，在學生面前從不高高在上，而是真誠相待，耐心開導，相互激勵，彼此啟發。以下是從《慈湖先生遺書》中摘錄的慈湖與弟子汲古答問情形，我們以為「教學相長」的平等作風盡在其中矣。

> 先生謂汲古曰：「孔子言二三子以我為隱乎？吾無隱乎矣，吾無行而不與二三子者，是丘也。汝以為如何？」汲古對曰：「道在聖人，何隱之有？視、聽、言、動無非教民。如子曰予欲

---

❹❻　〈己易〉

❹❼　〈論書〉

❹❽　《慈湖先生遺書》新增附錄

無言，子貢曰子如不言，則小子何述焉？子曰天何言哉？四時行焉，萬物生焉，天何言哉？此謂天雖不言，初天所隱。又曰天有四時，春秋冬夏，風霜雨露，無非教也。」先生曰「是」❹

先生曰：「孔子謂君子和而不流，強哉；矯！汝以為如何？」汲古對曰：「子路問強，未明孔子，何以如此答？」先生曰：「矯者，欲明故，固然無知，既知而不學，不能行其所知則危矣！即入小人之域，《書》云人心惟危，起意為人心」；又曰：「不起意非謂都不理事，凡作事只要合理，若起私意則不可。如事親從兄治家接物，若子哭顏淵，慟與見其過而內自訟。」汲古對曰：「不起意便是君子，坦蕩而無一毫之累，若起意則是小人長戚戚而無片時寧一。」先生曰：「是」。❺

　　毋庸多言，慈湖教育事業所展現的三種風格對現代教育方向的端正、教育方法的改進均有重要參考之價值。

---

❹　〈論論語下〉

❺　〈論中庸〉

第十章　慈湖後學

　　楊慈湖與其師陸象山有些不同，雖然也強調「心」的絕對意義，持守「切己自反、淬煉本心」的修養方法，但並不放棄讀書。正如慈湖自己所說：「學能治己，材可及人，豈有不讀書而能治己及人者乎？」❶因而慈湖很注重解經、著述，並成為象山弟子中著述最豐的思想家。如此，其教學有源，再加上他「居處無一惰容，接人無一長語，作字無一草筆」的儒者風範，從學者是浩浩然比肩接踵。正如徐時棟所描述：「乾道間，吾鄉楊袁舒沈四君子，昌明陸學，以誠明孝弟忠信為主，而尤善提醒人之本心，謂道心大同，聖賢非有餘，愚鄙非不足，學者翕然宗之。」❷慈湖學門一派繁榮景象，以下我們將由「慈湖弟子簡介」、「慈湖弟子為慈湖學發展所作努力」、「慈湖心學與陽明心學概括比較」等角度，觀察慈湖心學流傳狀況。

一、慈湖弟子介紹

　　關於慈湖後學人數，《宋元學案・慈湖學案》列舉七十位左右，而《四明叢書》的《慈湖先生遺書》新增附錄則列有八十四位。出入不算大，其中可以看成慈湖直承弟子的大概有四十幾位。以下我們擇取一些較有影響或特色的弟子進行介紹。

---

❶　《慈湖先生年譜》卷一

❷　徐時棟《慈湖弟子考》

（一）袁甫

　　字廣微，號蒙齋，袁燮之子。嘉定十七年進士第一，累官權兵部尚書。著有《蒙齋中庸講議》四卷。師事慈湖，曾有詩云：「不見慈湖二十年，尤心如醉復如顚。我來忽見慈雲閣，憂如慈湖現我前。」❸在思想方面，袁蒙齋承繼了師說，主要表現在：

1.察心以觀君子小人：

　　蒙齋認為，君子小人之所以難辨，是因為人們沒有把握觀察君子小人的標準。這個標準是什麼呢？蒙齋說：「人之有善，則必喜談而樂道之，又從而左右翼之，惟恐其美之不成也。……此其用心，洞乎其公也，休休乎其大也，是真可以為君子人也。乃若小人則反是。人之有美，惟恐其成也，嫉之攘之而已耳。此其用心，知有己而不知有人，知有私而不知有公。是真可以謂之小人也。嗚呼！人主每病於君子小人之難察也，豈知觀人之道，不必觀諸他，而當觀其心。」❹由心觀人，照萬物，乃慈湖心學主要特徵，蒙齋全承其旨。

2.文即道：

　　「道」在慈湖那裡有「無所不通」的含義，道心即通天地、萬物、人鬼之心。蒙齋據此發揮了慈湖諸德異名同實、一以貫之的思想。蒙齋說：「臣聞，聖門所謂文者，非詞華之謂也。夫子曰『文王既歿，文不在茲乎？』顏淵曰：『博我以文。』所謂文者，即道也。彝倫之懿，粲然相接者，皆文也。三千三佰，待人以行者，皆文也。孔子振木鐸於衰周，正將以續斯之將墜耳。一時以文會友，莫盛於洙泗。麗澤之兌，何往而非斯文講習哉！既曰文，而又曰仁，同乎？

---

　　❸　《宋元學案・絜齋學案》

　　❹　〈經筵講議〉《宋元學案・絜齋學案》

異乎？曰，文者，其所著見，而仁者，其根本，名異而實同也。」❺
蒙齋不僅視諸般道德為異名同實，而且把人生世故、書經典策、交
際言行等所著見者也視為本者仁之異名。我們觀察到「異名同實」
觀念在蒙齋這裡有具體化、延伸化趨勢。

　　3.「克己」之修養方法：

　　楊慈湖說萬物即一，一即己，己即萬物。蒙齋以此釋「克己復
禮」，他說：「夫耳目口鼻四肢百骸而有此身，此身本與天地相似，
與萬物一體，如之何而克己？曰，己與天地萬物本無隔也，而認八
尺之軀為己，則與天地萬物始隔矣。故惟克己，則洞然大公，不見
有己。何謂『克』？曰，以艮卦所謂『艮其背，不獲其身，行其庭，
不見其人』觀之，則是內不見己，外不見物，而克己之義瞭然矣。
克己何以能復禮？曰，禮者，周流貫通乎天地萬物之間，無體無方，
無不周徧。人惟認八尺之軀為己，於是去禮始遠，苟不認己為己，
則天高地下，萬物散殊，皆禮也。吾亦天地萬物中一物耳，無往非
禮，而何有於己哉？故不克己則禮失，既克己則禮復。」❻顯見，袁
蒙齋通過對克己復禮的解釋，提出了「忘掉形我」的修養方法和修
養境界，而慈湖「萬物萬化皆一」之哲學觀與「心之精神是謂聖」
的人性觀正是這種修養方法的基礎。

（二）馮興宗

　　字振甫，慈溪人，慈湖高弟。馮氏於書無所不讀，每聆聽誨言，
輒心領神會，曾任象山書院堂長。為人忠信篤敬，毫髮無偽，訓誨
懇至，語自肺腑流出，故人之感悟者亦倍深切。慈湖稱讚馮興宗是

---

❺　〈經筵講議〉《宋元學案・絜齋學案》
❻　〈經筵講議〉《宋元學案・絜齋學案》

「於聖道獨有啟發，晚益融貫，表裡洞然，殆知乃而進於仁守者矣。」❼其弟馮國壽亦師事慈湖，號稱二馮。

（三）史氏三弟子

1 史彌忠

字良叔，號自齋，鄞縣人，進士出身。初為鄂州咸寧尉，官滿歸家。其父見其囊袋鼓鼓，以為其做官時貪財，厲聲痛罵。彌忠懼影響之壞，立即召集鄉人，破箱使觀，均為書帙，其父釋然，後慈湖薦其宰廬陵。為政清明，不居功自傲，真西山德秀曾遺書美之。

2 史彌堅

字固叔，號滄洲，自齋之弟。以軍器監尹臨安，後為譚洲湖南安撫史，守建寧，行義倉法。史丞相曾許滄洲為尚書，滄洲懇辭，天下仰其高。真西山德秀曾記其政績。

3 史彌鞏

字南叔，號獨善，自齋之弟。史彌鞏為慈湖史氏弟子中最傑出的一位。彌鞏少時博聞強記，入太學，升上舍，成績灼人。因衛王柄國，誤十載後才登進士。嘉熙元年，都城失火，史彌鞏應詔上書。上書曰：「天倫之變，世孰無之？洪咨夔何以蒙陛下殊者，謂『雲川之變，非濟邸之本心，濟邸之本心，非陛下之本心。』其言深契聖心耳。以先帝之子，陛下之兄，乃使不能安其體魄於地下，豈不干和氣，召災異乎？」❽回答深得皇帝歡心。不久提點江東刑獄。一年大旱，饒、信、南康三郡大寢，史彌鞏採取措施，俾嫠戶為五，甲乙以等第振糶，丙為自給，丁糶而戊濟，保全百姓生命百餘萬口。

❼　《宋元學案・慈湖學案》

❽　《宋元學案・慈湖學案》

微民操戈劫人財，逮捕，法曹不以傷人論罪。史彌鞏說：「持兵為盜，貸之，是滋盜也。」推情重者僇數人，一道以寧。饒州兵籍溢數，需要汰冗兵。令下，營門大噪。史彌鞏說：「汰不當，許自陳，敢譁者斬。」喊叩頭請罪，諸營貼然，廩給也大省。真西山德秀對史彌鞏有一段評論，即「史南叔不登宗袞之門者三十年，未仕為其寄理，已仕則為其排擯，皭然不污有如此。」❾

（四）錢時

字子是，淳安人，慈湖高弟。錢時讀書不為世儒之習，絕意科舉，究竟理學。講學發明本心，指謫痛快，問者皆有得。江東提刑袁甫建象山書院，特延楊時為講席。丞相喬行簡薦之，授秘閣校勘。著有《周易釋傳》、《尚書演義》、《學詩四書管見》、《春秋大旨》、《西漢筆記》、《蜀阜集》、《冠婚記》、《百行冠冕集》等書，成為慈湖弟子中著述最豐者。世稱融堂先生。就錢時著述觀之，其對慈湖心學之承繼表現得較突出的地方有以下幾個方面：

1.意動與仁失：

楊慈湖較系統地發明了「意」的内涵，認為「意」是「道心」失於「人心」的關節之處。錢時繼承了這一思路，並用於解釋「仁失」之原因。他說：「仁，人心也。此心即仁，虛明渾融，本無虧闕，為意所動，始失其所以為仁，為物所遷，始失其所以為仁，狂迷顛倒，醉生夢死，昏昏憒憒，日用而不知，皆私之窟宅，非本心然也。」❿因此，意不起，則心自聖自善，也歸於仁。

2.「無私無欲即本心即禮」：

❾　《宋元學案・慈湖學案》
❿　〈新安洲學講義〉《宋元學案・慈湖學案》

不起意，其直接目標是無私無欲，錢時認為無私無欲即本心即禮。他說：「禮者，天則之不可逾也，一逾此，則無非己私。有一毫己私，即不足以為禮，有一毫非禮，即不足以為仁。先聖於此，不曰克己為仁，而曰克己復禮為仁，非於禮之外而他有所謂仁也。曰『復禮為仁』者，所以明復禮之即仁也。……一日克己，豁然清明，道心大同，範圍無外，謂之歸仁，良不為過。然而此事斷斷在我，實非他人所能致力。」❶

3.「日用即道」：

「日用庸常是為教」乃慈湖教育思想的主要內容，錢時作何感觀呢？他說：「人之日用，應酬萬端，舉不外乎視聽言動。之四者，名四實一，無非天則。非禮則勿，是謂之克。……克己功夫，全在一勿字上，行之而熟，守之而純，變化虛明，略無所累，則雖縱目而視，縱耳而聽，肆口而言，隨感而動，安往而非仁哉？」❷在這裡，錢時將應酬萬端、視聽言動以禮貫於其中，非禮則「勿」而仁。也就是說，日用庸常即道即仁乃以禮為前提，它表現錢時在「日用庸常即道」理解上的差異。

（五）陳塤

字子和，鄞縣人，嘉定十年進士，後調黃州教授。陳塤喪父毀瘠，考古禮行之，嘆曰：「俗學不足事」。乃師事慈湖。攻苦食淡，晝夜不殆。再調處州教授，累官至太常博士。史彌遠曾問陳塤是否好名，陳塤回答說：「夫名，孟子所不取也，夫求士於三代之上，惟恐其好名，求士於三代下，惟恐其不好名耳。」不久出判嘉興府，

---

❶　〈新安洲學講義〉《宋元學案・慈湖學案》

❷　〈新安洲學講義〉《宋元學案・慈湖學案》

後詔為樞密編修官。人為國子司業，知溫州，未上而罷。陳塤論政切直，為官剛正光明，是心學精神的堅強實踐者。他在慈湖後學中的位置，有文曰「吾鄉前輩，於朱呂陸三家之學並有傳者，而陸學最先楊、袁、舒、沈，江右弟子莫之享。楊袁尤多昌明之功，顧大弟子自袁正肅公而外，陳侍郎習庵其最也。」⓭

（六）桂萬榮

　　字夢協，慈溪人。以進士授余干尉。邑多豪右，桂萬榮──以紀律繩之。馭民則用慈愛，子弟獲訓迪者，恥為不善。秩滿，民乞留任，調建康司理參軍。鄉人史彌遠為相，欲招致之，桂萬榮以分定固辭之。差主管戶部架閣，除太學正。輪對，奏絕敵、選將二事。除武學博士，改宗學，出判平江府。累官直秘閣，遷尚書右郎，除直寶章閣奉祠歸。桂萬榮曾問道慈湖，慈湖告之以「心之精神是謂聖」。 遂築石坡書院，讀書其中。桂萬榮在慈湖弟子中具有特殊地位，主要表現在以下幾個方面：第一，桂萬榮家世守慈湖家法。謝山〈石坡書院記〉云：「慈湖弟子，偏於大江以南。……若其最能昌明師門之緒者，莫如鄞文正肅袁公蒙齋、侍郎陳羽庵及慈之桂公石坡。……今慈湖東山之麓有石坡書院，即當年所講學也。桂氏自石坡以後，世守慈湖家法，明初當有如容齋之效樸，長史之深醇，古香之精博，文修之伉直，聲聞不墜，至今六百餘年，猶有慈湖之祀者，香火可謂久遠。」第二，桂萬榮講學之「語」本諸慈湖。「石坡講學之語，實本師說，曰明誠，曰孝弟，曰顏子四勿，曾子三省，言語樸質無華葉。」⓮最後，桂萬榮以躬行為務，生平踐履也大類其

⓭　〈同谷三先生書院記〉《宋元學案・慈湖學案》

⓮　謝山〈石坡書院記〉《宋元學案・慈湖學案》

師：「慈湖簿官富陽，日講《論語》、《孝經》，民遂無訟；石坡尉余干，民之聞教者恥為不善。慈湖守溫州，為行周官任恤之教，豪富爭勸勉；石坡在南康，感化驕軍，知以衛民為務。慈湖，史氏累召不出；石坡方向用，力辭史氏之召。」❶如桂萬榮執著慈湖學問精神者，確不多見。

（七）童居易

字行簡，號杜洲，慈溪人。嘉定十六年進士。據記載，童居易一日參見楊敬仲，與之語，大奇之，遂捨所學焉。相國趙忠靖葵開閫準東，童居易任天長簿。時諸路屯兵，每秉熟，禁民採取，民失其利。童居易上書請求馳其禁，旁九郡皆獲免。既而元兵攻城急，邑令與主將不協，軍民疑阻，童居易力為陳解，遂協力捍防，城賴此以全。調諸暨簿，惡少攻剽為奸，尉莫能致，童居易以計悉擒之。遷太學博士，以身為教，學者敬仰之。升中奉大夫，知廣東德慶府，此地蠻獠雜居，民悍難化，童居易推以愷悌，三年，民樂耕桑，門不夜閉，稱「杜洲先生」。謝山〈杜洲六先生書院記〉云：「慈溪縣鳴鶴鄉者，杜洲童先生居易家焉。慈湖世嫡石坡而外，即推童氏，累代不替，諸家學錄中所未有也。」童居易還師從李耸，學古文，師從王休，學《小戴記》。

（八）鄒夢遇

字子祥，樂平縣人，慈湖高弟。慈湖知樂平時，鄒夢遇以鄉貢生從容接論，久之而有覺，但隔疑未除，楊慈湖導之，遂徹底澄明。在心學方面有較高覺悟。如他說：「事親從兄之間，不思不勉，無

非實地，變化云為，張馳闔癖，宇宙在我手。」又說：「人皆以兀坐端默為靜，吾獨以步趨應酬為靜，人皆以步趨應酬為動，吾獨以兀坐端默為動。」❶足見其心學境界之高。楊慈湖曾評價他這位得意弟子說：「自孔子歿，學者陷溺於文詞議論，喪本靈而事意見，寥寥二千載，自知自信者少，若夢遇者，其庶幾乎？」❶這樣的評價，在慈湖弟子中是不多見的。

（九）葉祐之

字元吉，吳縣人。弱冠鄉貢，有志於學，凡先儒所是者，依而行，而所呵者必戒，如是者十有七年，終未相應。得慈湖〈絕四記〉讀之，知此心明廣大，異乎先儒繳繞回曲之說，自是讀書行己，不敢起意。寐中聞更鼓聲而覺，全身流汗，失聲嘆曰：「此非鼓聲，皆本體光明變化，而目前常若有一物。」慈湖至吳時，葉祐之摳衣求教，一聞慈湖言，其物泯然不見。慈湖曾賦詩曰：「元吉三更非鼓聲，慈湖一夜聽鵝鳴。是同是異難聲說，何慮何思是泯成。爐炭幾番來煖熱，天窗一點吐圓明。起來又覷無窮景，水檻澄光萬里清。」❶葉祐之忍窮四十年，學問大進。所謂「儀矩峻潔，癯然如玉樹。家素貧，典衣買書，潛心性理之學」。❶有手鈔詩一卷，學者稱「同庵先生」。

（十）王子庸

❶ 《宋元學案・慈湖學案》
❶ 《宋元學案・慈湖學案》
❶ 《宋元學案・慈湖學案》
❶ 《宋元學案・慈湖學案》

　　錢塘人。楊慈湖任浙江撫屬時，曾問學於慈湖，慈湖告之以「不假外求，本無可疑。」王子庸卻說：「非不知之，而疑自若。」積十八九年，淑景揚輝，躍然如脫，從此不復疑矣。不久再而求教，說「意猶未盡」，慈湖回答說：「習氣之未易消釋也。如此猶有未盡者，意也，先聖之所止絕也。止絕此意者，又意也，又先聖之所止絕也。即疑即意，何思何慮，從心盡意，非動非止，孝於親，友於兄弟，信於友，恂恂於鄉里，自先聖曰『吾無知也。』 而某亦安得所知以告子庸也？」❷⓿王子庸才滿意而歸。

（十一）趙與𥮡

　　字德淵，湖洲人。嘉定十三年進士。累官至觀文殿學士，歷知七府。曾問學於慈湖曰：「某於日用應酬，都無一事，只未知歸宿之地。」慈湖說：「心之精神是謂聖，人皆有是心，心未嘗不聖，何必更求歸宿。求歸宿者反害道。」 趙此後奉教終身。趙氏知平湖，嘉熙四年大饑，分場設粥，以寓公方萬里為長者，請董其役，全活者數萬人。寶祐三年，再守，修舉學校，行飲射禮。尹臨安十三年，城中見口計日食文思院米三千石，曾籍北關來船，每日四千石入城則米價減，二千石則價貴，適入三千石則平價，無不中者，乃於監橋置平糶倉，二十有八歲，儲浙西米六十萬石，皆精鑿，視米價貴，則平糶立，竟三十年中，民食其惠。趙與𥮡言行一致，與其師類似，趙與𥮡還致力於慈湖書院的建造，對慈湖心學傳播起到了推動作用。

（十二）再傳弟子

　　在慈湖再傳弟子中，也有較傑出的。夏希聖、張瑞義、全晉孫、

洪楊祖就是他們的傑出代表。

1. 夏希聖：

字自然，淳安人，為慈湖高弟錢時的弟子。閉門靜思，不出門戶三十餘年，以究明性理，洞見本原。家無隔宿之儲，而泰然自如，體現了「謀道不謀食」的敬業精神。學者稱「自然先生」。三個兒子均承其學，以仲子夏溥成績最大。

2. 張瑞義：

字正夫，鄭州人，葉祐之弟子。少讀書，兼習技藝，愛作詩，擅長詞，曾有「不因花退盡，必是夢殘時。」詩句，為時人傳誦。曾應詔五次上書，其性情耿正，剛直不阿。著有《荃翁集》、《貴耳集》等。正夫好浮屠之言，不見用。又師事項平齋。

3. 全晉孫：

字本心，鄞縣人。陳塤弟子，也為陸象山、楊慈湖私淑高弟。全家三代，其父全汝梅，長史謙遜，伯兄鼎孫，季弟頤孫，鼎孫之子全者，三世置義田以瞻其宗，謂之「義田六老」。晉孫再傳弟子黃南山，為明初大儒。

4. 洪楊祖：

字季楊，嚴州人，袁蒙齋弟子。累官至正學，輪對者之。以講學正心誠意為啟沃，學者稱「錦溪先生」。

二、慈湖弟子在繼承、光大心學方面具體事蹟

慈湖弟子不僅在學問上、實踐上努力弘揚心學精神，而且盡其所能，為心學傳播去努力創造環境條件，這主要是書院的建立。

（一）象山書院的建立

紹定四年六月，江東提刑袁甫奏建象山書院於貴溪徐岩，祠象山先生，侑以楊敬仲、袁和叔。次年三月，袁甫至書院，聘請慈湖門人錢時為堂長主教。該書院為心學傳播作出了重大貢獻。有記載云：「先生之道，精一非二，揭本心以示人，此學門之大致，嗣先生之遺鄉，警一世之聾聵，平易切近，明白光粹，至今讀其書，人人識我良貴，由仁義行。與行仁義者，昭昭乎易判也，……宇宙內事，己分內事，渾渾乎一貫也。議論一途，樸實一途，極天下之能言者，斯言不可贊也。」❷❶

「仰惟先聖之道，昭揭萬世。後學昏蒙，不知吾心即道。有如宋知荊門軍陸某，獨能奮乎百世之下，指示道心，明迫的切。闡教象山，學者師尊之。而歲夕祠圮，有司弗葺，被命茲來，惕然大懼。遂卜地於貴溪之徐岩，鼎建書院，招延山長。俾承學士相與嚴事先聖，朝夕兢惕，道心融明，所以懋昭象山之教，而上繼先聖之統緒也。」❷❷

（二）慈湖書院的建造

慈湖書院是在慈湖祠基礎上建立起來的，幾度興廢。咸淳七年，制置使劉黻奏請建慈湖書院。黃翔龍〈重修慈湖書院本末記〉：「先生歿，邑士大夫始祠於慈湖之濱，而未有講習之地，先生之道雖尊而未明，嘉熙間制閫節齋趙公與鑾改祠於中址，地隘不可久，既又祠於邑庠邑人以不得專奉為歉，咸淳辛未永嘉蒙川劉公黻來帥，明

❷❶　《陸九淵集》卷三六，〈年譜〉
❷❷　《陸九淵集》卷三六，〈年譜〉

捐郡帑得民地於僧寺之右，負山面湖，刱精舍肖像而祠之。……凡文元心學之要，躬踐之實，亦既發其精，蘊足以昭往而淑來矣，鄉人懼後來者於廢興本末之莫詳復，今翔龍江其粗，竊維文儒先生處，過化之地，必建書院，使學者尊慕而學。」❷

　　王應麟〈重建慈湖書院記〉云：「古者鄉有庠，堂有序，閭有塾，里居又有父師、少師之教，是以道德一而理義明。……東海之濱有大儒曰慈湖先生、文元楊公，立心以誠，明篤敬為主，立言以孝弟忠信為本，躬行實踐，仁熟道疑，盛德清風，聞者興起，可謂百世之師矣。遺老見而知之，後世聞而知之。……，此書院之所為作也。」❷

　　文及翁〈慈湖書院記〉云：「文昌劉公曾執筆於太史氏，為先生延譽於世，即先生舊宅創書院於慈湖之濱，規模軒豁，襟佩鏘鳴，其景行前修風，屬後學，懇懇切切之心，即先生昭昭靈靈之心也，相與事者，縣宰王君愉，提管陳君允平，秉彝好德，誰無此心，開創於前，正望增益於其後。」❷

（三）石坡書院與杜洲書院

　　以慈湖弟子為代表的書院主要有兩座，即石坡書院與杜洲書院。它們都以慈湖精神為精神，以慈湖學問為學問，對慈湖學問的流傳起到了重要作用。關於石坡書院，有記載云：「今慈湖東山之麓有石坡書院，即當年所講學也。桂氏自石坡以後，世守慈湖家法，明初當有容齋之敦樸，長史之深醇，古季之精博，文修之伉直，聲

---

❷　《慈湖先生年譜》卷二

❷　《慈湖先生年譜》卷二

❷　《慈湖先生年譜》卷二

聞承遂，至今六百餘年，猶有奉慈湖之祀者，香火可謂久遠。……
嗚呼！慈湖之心學，苟非驗之躬行，誠無以審其得焉與否。今觀石
坡之造詣，有為有守，豈非真儒也哉！」❷❻關於杜洲書院，謝山〈杜
洲六先生記〉云：「慈湖世嫡弟子，石坡而外，即推童氏。累代不
替，諸家學錄中所未有也。書院則先生之孫副尉金始肇之，而得朝
命於其子桂。……其時甬上書院多設長者，而以杜洲為最盛。有先
聖碑亭，有禮殿，有講堂，有六齋：『曰志道，曰尚德，曰復禮，
曰守約，曰慎獨，曰養濁。』其中為慈湖祠，旁為六先生祠。有書
庫，有祭器。門廟庖湢，纖悉畢備。有田租以資學者。蓋仿佛四大
書院規制而為之耳，意良厚矣。」❷❼

　　慈湖後學隊伍龐大，綿延千里，呈多極發展之勢。具體而言，
理論之創設，心學之踐履，師道之傳發，書院之建設等方面均表現
出相當的成就。無怪乎慈湖曾得意地說：「此一二十年來，覺者逾
百人矣，古未之見，吾道其享乎？」❷❽儘管如此，與朱子後學比較，
與其師陸象山後學比較，慈湖後學更顯得單薄且缺乏氣勢，雖然六
百年尚有競其道者，但理論開新方面畢竟不足，影響微弱。原因何
在呢？以下因素似可提供參考：

1. 慈湖心學在一定程度上可以看成象山心學的極端。如果說象山規
　模狹窄，那這種狹窄之後果在慈湖這裡已顯示出來。

2. 尚躬行實踐輕理論建設。慈湖儘管著述良多，但他基本上是以佛
　禪的方法闡釋儒家經典，將儒家學問推向直載、簡易，掏盡其理
　論內容。很難想像缺乏理論伸縮度的學派會有好的前途。

---

❷❻　《宋元學案・慈湖學案》

❷❼　《宋元學案・慈湖學案》

❷❽　《宋元學案・慈湖學案》

3. 官方對朱子學殊寵。仁宗寶慶二年，朱子《四書五經》成為國家規定的取士科目參考書，這就大大減弱了人們學習心學和興趣。如此，慈湖心學自然只能在相對狹小天地中生存。這也說明，心學若能重興，唯有從理論建設方面下功夫。

三、慈湖心學與陽明心學

雖然慈湖弟子中缺乏將老師學問弘揚、光大的傑出代表，但慈湖學問中相對長久的成分仍為後來學問大家所承繼與發展。王陽明是承繼慈湖學問思想較集中、較多的一位。這裡我們從幾個側面看慈湖思想在陽明心學思想中的再現。

（一）「心」概念的使用

「心」是心學家共同執守的最高範疇，但慈湖之「心」與陽明之「心」還是存在差別。先看慈湖論「心」：

「道心非心外復有道，道特無所不通之稱。……人皆有此心，此心未嘗不聖不精，神無體質，無際畔，無所不達，無所不通。」[29]

「人心至靈至神，虛明無體，如日如鑒，萬物畢照，故日用平常不假思為，靡不中節，是為大道。」[30]

「此道原來即是心，人人拋卻去求深，不知求卻翻成外，若是吾心底用尋。」[31]

「莫將愛敬復雕鐫，一片真純幸自全，待得將心去鉤索，旋栽

---

[29]　〈臨安府記〉

[30]　〈論禮樂〉

[31]　〈偶作〉

荊棘向芝田。」❸❷

「清心、洗心、正心之說行，則揠苗；非徒無益，而又害之。」❸❸

概而言之，慈湖之「心」是至善至聖至靈而無所不通。因至善至靈故無需外尋無需雕琢；因無所不通故無需清心無需正心。

再看陽明論「心」：

「此心無私無欲之蔽，即是天理，不須外面添加一分。」❸❹

「在物為理，處物為義，在性為善，因所出而異其名，其實皆吾之心也。心外無物，心外無事，心外無義，心外無理。」❸❺

「夫心之本體，天理也，天理之昭明靈覺，所謂良知也。」❸❻

「理者，心之條理也。是理也，發之於親則為孝，發之於君則為忠，發之於朋友則為信。」❸❼

「心」之核心地位在陽明這裡依然是沒有疑問的，但已有重大變化：第一，在陽明心學中，心與理結合起來。第二，理是心中系列具有善性的先驗規範，因此心之善的具體化需由理來完成。第三，盡管「心」是至聖至善的，但王陽明認為由於物、欲、意的存在，心的善性常常被遮蔽而難於彰顯於外，他不像慈湖徑直主張「不起意」，而是主張「格」、「正」。所謂「格物者，格其心之物也，格其意之物也，格其知之物也。正心者，正其物之心也。誠意者，誠其物

---

❸❷　〈偶作〉

❸❸　〈永嘉郡治更堂亭名記〉

❸❹　《傳習錄》上

❸❺　《王文成公全書》卷四

❸❻　《王文成公全書》卷五

❸❼　《王文成公全書》卷六

之意也。致知者，致其物之知也。此豈有內外此彼之分哉。」**❸**值得注意的是，王陽明提出「正心」是僅就「心」有意或為物欲所遮蔽而言的，因此所謂「正心」不過是格「心」之意、格「心」之物。可見，王陽明既承繼了慈湖強調「心」至聖至善的一面，但這個基礎上，更關注「心」失掉善性的原因，並提出了解決辦法。這就使得慈湖心學從「規模狹窄」中走出來，心學也因此「柳暗花明又一村」。

（二）「意」概念的使用

在王陽明心學中，「意」也是一個十分重要的範疇。不過「意」的倫理價值之發見，不是朱熹，不是陸九淵，而是楊慈湖。慈湖說：

「何為意？微起焉，皆謂之意，微止焉，皆謂之意。……心與意奚辯？是二者未始不一，蔽則自不一。一則為心，二則為意，直則為心，支則為意，通則為心，阻則為意。」**❸**

「人心本正，起而為意而始昏，不起不昏。」**❹**

「徒以學者起意，欲明道反致昏塞，若不起意，妙不可言，則變化云為，如四時之錯行，如日月之代明。」**❹**

「不起意，非謂不理事，凡作事只要合理，若起私意則不可。」**❹**

慈湖這裡，「意」是「支心」、「二心」、「阻心」的障礙物，因而他主張不起「意」；但慈湖也說明了，所謂不起「意」是不起「私

---

❸　《答羅整庵少宰書》

❸　〈絕四記〉

❹　〈詩解序〉

❹　〈論論語上〉

❹　《中庸》

意」。

王陽明則將這個「意」提到本體的高度而密切關注：

「指心之發動處謂之意，意之所在便是物，物即事也。……有是意，即有是物，無是意，則無是物矣。」❹

「性無不善，則心之本體無不正也。……自其意念發動處而後有不正，故欲正其心者，必就其意願之所發而正之。」❹

首先，「物」的存在是以「意」為前提的，「意」具有本體意義；其次，就是這種本體之「意」， 存有「善」與「惡」兩種可能性，因此「正心」的工夫實際上是「正意」。 無疑，王陽明在「意」概念的使用方面深化了一步。

（三）「道」的日用庸常化

楊慈湖主張「日用庸常是為教」、「挑水砍柴也是道」。慈湖說：

「道無大小，何處非道。嘗於日用中求之，衣服飲食，道也，娶妻生子，道也，動靜語默，道也，但無所貪，正而不邪，則道不求自得。」❹

「天有四時，春秋冬夏，風雨霜露，無非教也；地載神氣，神氣風霆，風霆流形，庶物露生，無非教也。」❹

這種「聖道在爾身」的思想，在王陽明那裡也體現的十分充分。王陽明說：

「人之良知，就是草木瓦石的良知，若草木瓦石無人的良知，

---

❹　〈答顧東橋書〉

❹　〈大學問〉

❹　〈紀先訓〉

❹　〈著庭記〉

不可以為草木瓦石矣。」❹

　　「如言學孝，則必服勞奉養，躬行孝道，然後謂之學，豈徒懸空口耳講說，而遂可謂之學者乎？學射則必張挾矢，引滿中的；學書則必伸紙執筆，操觚染翰，盡天下之學，無有不行而可以言學者。」❹

　　王陽明堅持「日用庸常是為教」的基礎上，更強調有針對性的即事即學，強調對「常道」的踐履。

（四）六經注「我」

　　楊慈湖「六經注我」的思想傾向與實踐都非常典型，用「心」解釋「六經」是楊慈湖首創。如慈湖說：「變化云為，與觀群怨，孰非是心，孰非是正。人心本正，起而為意而後昏，直而達之，則〈關雎〉求淑女以事君子本心也；〈鵲巢〉婚禮天地之大義，本心也；〈柏舟〉憂鬱而不失其正，本心也。……」❹又云：「善學易者求諸己，不求諸書，古聖作易，凡以開吾心之明而已，不求諸己而求諸書，其不明古聖之指也甚矣。」❺「六經」只不過是開淪人心之工具，人應堅持自己的獨立性去讀「經」、釋「經」、用「經」。王陽明也認為要以心為體，「經」為末，「六經不出於吾心」，王陽明說：「六經者吾心之記籍也，而六經之實，則其於吾心。」❺又說：「四書五經不過說心體。這心體即所謂道。心體明即道明，更無二，此

---

❹　《傳習錄》下

❹　《傳習錄》下

❹　《慈湖詩傳・自序》

❺　〈己易〉

❺　〈稽山書院尊任閣記〉

是為學頭腦處。」❺「凡看經書，要在致吾之良知，取其有益於學而已，則千經萬典，顛倒縱橫，皆為我之所用。」❸雖然王陽明沒有像楊慈湖實實在在地進行「六經注我」的實踐，但王陽明對「六經注我」學術上的價值之認識顯然更為全面、更為深刻。

由上可知，慈湖心學在他弟子身上雖然沒能得到令人滿意的發揚光大，但在王陽明的心學思想中我們卻可親切感受到慈湖思想靈性的存在，慈湖知此，亦可慰也。

---

❺　《傳習錄》上

❸　〈答季德明〉

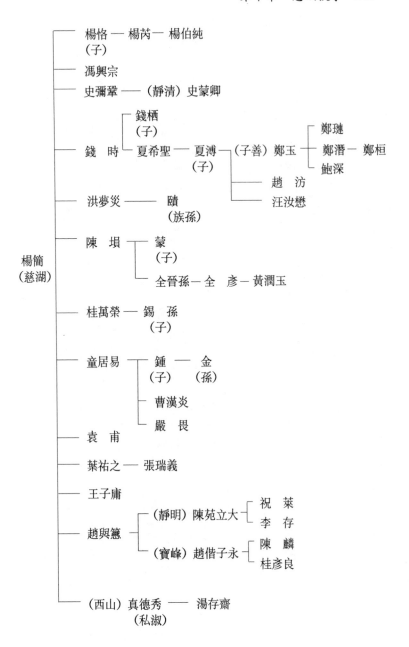

第十一章 結論：慈湖心學在中國思想史上之價值

一、學理價值

作為象山弟子之冠的楊慈湖，雖然被視為象山之後的心學代表——「自象山既歿之後，而自得之學始大興於慈湖，其初雖有得於象山，而日用其力，超然獨見，而明人心，大有功於後學，不可謂自得乎？」❶但慈湖心學的學理價值卻從沒有一個系統而細緻的說明，這不僅屈就了博大精深的慈湖心學，而且使心學發展脈絡暗淡不明。雖然我們開掘慈湖心學的學理價值，主要出於我們對於慈湖心學的前述各章的研究中所獲得的靈感，但同時也深信我們的這種靈感將有助於上述兩方面問題的明朗。

（一）慈湖解經之新氣象

「自孔子之死也，有子張之儒，有子思之儒，有顏氏之儒，有孟氏之儒，有漆雕氏之儒，有仲良氏之儒，有孫氏之儒，有樂正氏之儒。」❷這就是人們耳能熟能詳的「儒分為八」。這種分裂，實際上隱含著這樣一個課題：儒學之真精神，由誰去體現？孔子獨特的生命智慧，由誰去接承與呼應？而這一課題的解答又必須落實到對

❶　《慈湖先生遺書》新增附錄〈袁絜齋書贈傅正夫〉

❷　《韓非子·顯學篇》

儒學精神本質、孔子生命智慧內涵之理解與探索。司馬談認為，先秦至漢初諸儒，並沒哪一個儒生真正把握了儒學精神，並與孔子生命智慧相呼。他說：

> 夫儒者以六藝為法。六藝經傳以千萬數，累世不得通其學，當年不能究其禮。故曰博而寡要，勞而無功。❸

　　孔子刪六經，雖僅僅是一種假說，但六經與孔子有聯繫則是沒有疑問的。後儒仿照孔子的做法，以傳經為儒，這樣，經愈傳愈豐，反而掩沒了六經之真精神，更不可能悟出孔子的生命智慧。用牟宗三先生的說法，就是這些人仍是繞開孔子而傳孔子之精神。董仲舒似乎意識到儒術分裂之危機，特別是這種分裂造成人心不一而引起的社會危機。他力倡一統學術，提出「罷黜百家，獨尊儒術」的主張，這為分裂已久的儒學創造了統一的環境。董仲舒也以傳經為儒，但他不僅將儒學雜以陰陽，迷信，讖緯等，使儒學神化；而且將儒學政治化，建立以「三綱五常」為核心的政治道德。在這種精神下，董仲舒對儒學精神之承繼，對孔子生命智慧之呼應只能是外在的。

> 君子不知在位者，不能以惡服人。是故簡六藝以贍養之。詩書序其志，禮樂伐其美，易春秋明其知。六學者皆大。而各有所長。詩道志故長於質；禮制節故長於文；樂咏德故長於風；書著功故長於事，易本天地故長於數，春秋正是非故長於治人。❹

---

❸　《論六家要旨》
❹　《春秋繁露》

董仲舒這種傳經就是所謂「列君臣父子之禮，序夫婦長幼之別。」雖「百家弗能易」，但不僅不能由此呼應孔子之生命智慧、把握儒學之真精神，甚至對於六經也是一種拙劣的解釋。停止於禮樂人倫，仁義教化，是一種外在通俗的解經。

以何晏、王弼開先河的魏晉玄學家以老莊自然主義言經書，認為經書所記之理均與人之自然之性相悖，因而他們提出超越名教的要求，而由儒家立場去釋六經更是不可能。阮籍說：

> 六經以抑引為主，人性以從欲為歡，抑引則違其願，從欲則得自然。然則自然之得，不由抑引之六經；全性之本，不須犯情之禮抑。故仁義務於理偽，非養真之要求；廉讓生於爭奪，非自然所出也。❺

對「六經」採取一種批評態度，將六經等同於「名教」，實由仲舒開始，由魏晉玄學家所執著的自然主義精神，面臨的恰恰是經由董仲舒改裝過的儒學，「六經」受批評，名教遭貶抑也是很自然之事。他們甚至認為「六經」沒有表現出聖人的真性。

唐代的韓愈、李翱在釋「六經」及其它儒家經典方面有了一個轉向。這種轉向不管是歸於他們的先天悟性，還是社會創造的機遇，反正他們的確對六經及其它儒家經典有了一個接近儒家精神的說法，或者不同於以往「傳經」的方法與態度。

> 性命之書雖存，學者莫能明，是故皆入於莊、列、老、釋。不知者謂夫子不足以窮性命之道，信之者皆是也。有問於我，

---

❺《難張遼叔自然好學論》

我以吾之所知而傳焉，遂書於書，以開誠明之源，而缺絕廢
棄不拘之道幾可以傳於時，命曰《復性書》，以理其心，以傳
乎其人。 ❻

　　李翱認為學者沒能明性命之書，這與前項司馬談之評述密切相
關；但李翱指出了人們是因為不能明儒學之道、孔子之精神，才誤
入老、莊、釋教的，這實際上是提出了恢復儒學之真精神的任務。
因此李翱表示自己能「開誠明之源，理其心，傳之於人」。 李翱以
「心性」解經別開生面，而且他所謂「經」，已不限「六經」，包括
《中庸》、《大學》、《論語》、《孟子》。

問曰：昔之讀《中庸》者，與先生之言物皆不同，何也? 曰：
彼以事解者也，我以心者也。 ❼

　　以心性解經逐漸被宋初儒者如周敦頤、邵雍、張載、二程所接
受，邵雍言：「先天之際，心法也；故圖皆自中起，萬化萬事生於
心。」❽程明道的弟子張九成則表述出心性解經的較完整觀念，在他
看來，「六經」作為紙的存在，可以蕩然不存；但「六經」中的精
神，卻並不因此而失去，這是典型的「得意而忘象」思路。

或問六經與人心所得如何? 曰：六經之書，焚燃無餘，而出

---

❻　《復性書》上
❼　《復性書》下
❽　〈觀物外篇〉

於人心者常在。則經非紙上語，乃人心中理耳。❾

　　心學大師陸象山講得很是直接了當：「學茍知本，六經皆我注腳。」❿非常明瞭，自唐韓、李翱以來，由心性詮釋經書已經成了一股潮流，而且帶有明顯的由經書體悟先聖智慧，從而恢復埋藏在無數經書中的儒學之真精神的動機。但陸象山沒有用更多的精力去研究：何以「六經皆我注腳」？何以「六經」、《論》、《孟》、《庸》、《學》僅明一旨？正所謂「天降大任於斯人」，雖然楊慈湖由象山而承繼了心學學統，但卻是偶爾受到一次古訓之啟發，才確立以心立說的。所謂「慈湖楊公簡，參象山學猶未大悟，忽讀《孔叢子》至『心之精神是謂聖』一句，豁然頓解，自此酬酢門人，敘述碑經，講說經文，未嘗舍心以立說。」⓫楊慈湖不僅以心釋「六經」，也以心釋《論》、《孟》、《庸》、《學》等所有他能接觸到的儒學經典，正如我們在本書第三章所述的，慈湖是以「一」之的方法詮釋儒經的。

1. 《易》，「易道不在遠，在乎人心不放逸而已矣」。⓬

2. 《書》，「書」講的是帝王用以治理天下的一些「德」，如克艱，舍己從人，養民三事，慎厥身修，兢兢業業等，在慈湖看來，這些「德」所貫徹的精神也不過一心。

　　「堯之所以為堯，舜之所以為舜，禹之所以為禹，皋陶益之所以為皋陶益，豈非以此心而已乎？戒謹恐懼，此心存乎，放逸慢易，此心存乎，知放逸慢易，心易失，則戒謹恐懼，此心之存可知矣！

---

❾　《宋元學案》卷四，頁八八

❿　《陸九淵集》卷三四，〈語錄〉

⓫　《四朝聞見錄》甲集，〈心之精神是謂聖〉

⓬　《楊氏易傳》卷四〈需〉

唯得此心者，方知此心之出入；惟識此心者，方知此心之存不存，不識此心者，安知之也？」**⑬**

3.《詩》之旨也在「一心」：「嗚呼！三百篇皆一旨也，有能達是，則至正至善之心人所自有，喜怒哀樂無所不通，而非放逸邪辟，是謂寂然不動，感而遂通天下之故。」**⑭**

4.《禮》之旨也是「一心」：「禮樂無二道，吾心發於恭敬品節應酬文為者，人名之曰禮，其恭敬文為之間有和順樂易之情，人名之曰樂。庸眾生而執形動意，形不勝其多，意亦不勝其多，不知夫不執不動則大道清明廣博，天地位其中，萬物育其中，萬事萬理交錯其中，形殊而體同，名殊而實同，而《樂記》諄諄言禮樂之異，分裂太甚，由乎其本心之未明。」**⑮**

5.《春秋》也不過明心性之「道」：「《春秋》為明道而作，所以使天下後世知是者是道，非者非道，而諸儒作傳勝異說，或以為尊王賤霸，或以為謹華夷之辨，或以為正名分，或以為誅心，凡此固《春秋》所有，然皆指其一端，大旨終不明白。」**⑯**

6.《孝經》也不過是明心性之「道」：「孔子曰：夫《孝經》天之經地之義民之行。此道通明無可疑者。人堅執其形，牢執其名而意始分裂不一矣。意雖不一，其實未始不一。人心無體，無所不通，無所限量。是故事親之道，即事君事長之道，即慈幼之道，即應事接物之道，即天地生成之道，即日月四時之道，即鬼神之道。」**⑰**

---

⑬　《慈湖先生遺書》卷八，〈論書〉

⑭　《慈湖詩傳》卷三，〈燕燕〉

⑮　《慈湖先生遺書》卷九，〈論禮樂〉

⑯　《慈湖先生遺書》卷九，〈論春秋〉

⑰　《慈湖先生遺書》卷一二，〈論孝經〉

　　由《慈湖先生遺書》卷十到卷十五可以看到，慈湖釋《論語》、《孟子》、《大學》、《中庸》所明的也是心性之道，是先哲之旨，是先賢之生命智慧。因而慈湖要求人們應從至善之心出發去悟經書。

　　善學易者，求諸己，不求諸書。古聖作易，凡可以開吾心之明而已，不求諸己而求諸書，其不明古聖之旨也甚矣！ ⓲

　　慈湖之確立心性釋經書之方法，進行心性解經書之實踐，顯然可以視為唐韓愈、李翱開始的以心釋經書趨勢的邏輯結果；同時又是對兩漢以來沉溺經書卻不明其旨之現象的否定。慈湖直指本心，所有經書不過是說明一個道理：人心本善。也由此，慈湖通過釋經書打通了一己之心與古聖賢之心的隔閡，用一己之生命智慧呼應先哲之生命智慧。這就是謝山在〈碧沚楊文元公書院記〉中指出的：

　　文元之學，先儒論之多矣。或疑發明本心，陸氏但以為究竟，故文元為陸氏功臣。而失真傳者也有也。愚以為未盡然。夫論人之學，當觀其行，不徒以其言。文元之齋明嚴恪，其生平踐履，蓋竦水、橫渠一輩人。曰誠，曰明，曰孝弟，曰忠信，聖學之全，無以加矣。特以當時學者沉溺於章句之學，而不知所以自撥，故為本心之論，以提醒之，蓋誠欲導其迷而使之悟，而非謂此悟之外，更無餘也。

　　此外，慈湖以心性釋經解典，異於玄學的自然主義方法，也異於邵雍的象數方法，與程頤、朱熹的義理方法似也有別。故被認為

⓲　《慈湖先生遺書》卷七，〈己易〉

自成一派。

「簡為陸九淵弟子，故其說易，略象數，而談心性，多入於禪，錄成其書，是以佛理詁易，自斯人始，著經學別派之由也」。❶⑲

又「然其（楊簡）一物一字一句，必斟酌去取，旁徵遠引，曲暢其說。其考核書，則自《說文》、《爾雅》、《釋文》以及史傳之音注。無不悉蒐，其訂徵訓詁，則自齊魯毛韓以下，以至方言雜說，無不轉引，可謂折衷同濟，自成一家之言。」⑳

（二）慈湖「一道德」的新路徑

先儒如孔子、孟子提出了多項道德條目，如仁、義、禮、智、孝、悌、忠、信、恭、寬、惠、敏、溫、良、儉、讓等等。在孔子那裡，道德條目雖然多項，其宗旨卻只有一個，所謂「吾道一以貫之，忠恕而已」。但這並沒有阻止後來的儒生擴增道德條目的努力，也沒有阻止後來儒生對道德條目給予多種解釋的企圖。賈誼將儒家道德範疇擴增到五十六對；董仲舒則將每個道德範疇都附比於自然現象，這就使人們拘泥於不勝其繁的道德條目，卻忘記了道德條目所涵具的最深刻、而又是最淺顯的「道」。 用自然主義方法觀道德的魏晉玄學家，雖然沒有擴增道德範疇條目，但卻採取一種虛無主義態度，將儒家道德規範視為「下德」。「凡不能無為而為之者，下德也，仁義禮節是也。」㉑

這自然導引不出對道德諸條目一貫之旨的理解。韓愈，李翱面臨的不僅是使人眼花撩亂的道德範疇條目，同時面臨著玄學對道德

---

⑲　《四庫全書簡明目錄》經部一

⑳　《四庫全書總目提要》

㉑　《老子》三十八章注

範疇不求甚解的貶抑，而佛教盛行，致使本來已模糊不清的道德範疇更加難以辨認，難以把握其真精神。韓愈承繼董仲舒的性三品說，但他對於仁、禮、義、智、信的解釋，卻是較接近孔孟之真精神的。

> 性之品有上、中、下。上焉者，善焉而已矣；中焉者，可導而上下也；下焉者，惡焉而已矣！其所以為性者五，曰仁曰禮曰義曰智曰信，上焉者之於五也，主於一而行於四；中焉者之於五也，一不少有焉則少反焉，其於四也混。下焉者之於五也，反於一而悖於四。❷❷

　　具有上品之德，主於一（仁）而行於四；具有中品之德，一不少有，但四者混；具有下品之德，反於一而悖於四。其根本意義是，只有貫徹了「一」，才是上品之德，即至美至善之德。雖然韓愈性三品說顯得呆板，但對於「主一」為至德的論述卻符合孔孟「夫道，一而矣」之教言。不在道德條目之外尋找意義，所有道德條目都是相互貫通而真切易行之道德行為。宋初思想家顯然繼承了這一努力方向。程顥說：

> 道即性也，若道外尋性，性外尋道，便不是。聖賢論天德，蓋謂自家元是天然完全自足之物，若無所污壞，而當直行之；若小有污壞，即敬以治之，使復如舊。所以能如舊者，蓋為自家本質元是完足之物，若合修治而修治之，是義也；若不消修治而不修治之，亦是義也；故常簡易明而行。❷❸

---

❷❷　《昌黎先生集》卷一一，〈雜著・原性〉

❷❸　《二程遺書》〈語錄〉

　　道外無性，性外無道，人心本善，乃是此心由污壞而復舊的先驗根據，程顥由此提出「窮理盡性至於命」為一。所謂「窮理盡性以至於命，三事一時並了，元無次序，不可將窮理作知之事。」❷❹由程顥始，擴增道德條目的行為被視為不能體會先聖之教之旨；歧出道德條目之含義的做法也受到儒生們的廣泛關注。在氣象上顯出與孔孟先儒之生命智慧遙相呼應之態勢。

　　心學創始人陸象山，經過多年的思考與覺悟，認為所有千變萬化的道德範疇，千姿萬態道德條目，不過此心，不過此理。

> 　　仁，即此心也，此理也。……愛其親者，此理也；敬其兄者，此理也；見孺子將入井而有怵惕惻隱之心者，此理也；可羞之事則羞之，可惡之事則惡之，此理也；是知其為是，非知其為非，此理也；宜辭而辭，宜遜而遜者，此理也；敬此理也，義亦此理也，內此理也，外亦此理也。❷❺

　　象山提出了「一道德」的精要語，不過象山言「萬理歸一」似存在一些困境：
1.歸心、歸理，依然並著走。
2.其「萬理歸一」沒有言及諸般道德歸一。
3.如是「歸一」與先聖道德之真精神似略有距離。
　　看來，「精一之學」之振興仍需後來者的努力。這樣，楊慈湖既有解象山之痴的義務，更有竟先生之緒的責任。正如我們在本書第六、第七章所言，悟性卓眾的慈湖開首便發出感嘆：

---

❷❹　《二程遺書》〈語錄〉
❷❺　《陸九淵集》卷一一，〈與曾宅之〉

自孔子歿而大道不明，自曾子歿而道滋不明，孟子正矣而猶疏，荀卿勤矣而愈運，董仲舒號漢儒宗而曰道者所由適於治之路也，仁、義、禮、樂皆其具也，又曰仁、義、禮、智、信，五常之道，王者所當修飭也，王者修飭，故受天之佑，嗚呼！異乎孔子之言道矣！自知道者觀之，惟有嗟憫，而自漢以來，士大夫學說略同。孔子曰：誰能出不由戶？何莫由斯道也，由戶為喻爾，何莫由斯正實無瑕，仲舒支離屈曲，不知仁、義、禮、樂乃道之異名，而以具言則離之矣！❷⓺

　　慈湖顯然將敗壞儒學道術的責任歸咎於董仲舒，之所以如此在於仲舒沒有理解先儒道德精神；而自孔子死後至慈湖，離道分德愈演愈裂，先儒之精神將至湮滅。慈湖深感正本清源任務之重大之緊迫。他的確在這方面施展了自己的才華，作出了艱苦努力。

曰道，曰仁、曰義、曰禮、曰樂，悉而數之，奚有窮盡？所謂道者，聖人特將以言夫人所共由無所不通之妙，故假借道路之名以名之，非有其體可執也。所謂德者，特以言夫直心而行者，亦非有實體之可執也。仁者，知覺之稱，疾者以四體不覺為不仁。所謂仁者，何思何慮，此心虛明，如日月之照爾，亦非有實體也；禮者，特理而不亂之名，樂者，特和樂而不淫之名。以是觀上數名者，則不為名所惑，不為名所惑，則上數名者乃所以發明本無名言之妙，而非有數者之異也。❷⓻

---

❷⓺　《慈湖先生遺書》卷一四，〈論諸子〉
❷⓻　《慈湖先生遺書》卷九，〈論禮樂〉

　　由慈湖解釋可以看出，言萬理歸一、諸般道德歸一，乃是：

1.說諸道德條目不過是對應某項道德事實的符號。

2.這種符號自然是虛明無體。

3.虛明無體故能貫注本善本神本靈也是無體的「心」。

　　因此，人應該自覺去體認這種「歸一」，把握這種「歸一」，只有這樣，才能盡一己之善，成一己之德，也才能領悟「日用庸常是謂教」的真切內涵。慈湖反覆強調「一道德」之教，不僅出於「續往聖之絕學」的學術追求，更主要的是，他希望由此呼喚出先驗地存於芸芸眾生之心中的善性善德，將這種善性光輝普灑到忿欲紛亂、是非難一的人間。從哲學上講，慈湖努力於由道德的形上意義開出道德的世俗意義來。慈湖「一道德」的努力，是「心性」解經的延伸與深化，將「經典」一統於「心」意義落實到千萬個道德條目共同精神的提煉，從而創發出心學的獨特道德模式；這一模式秉承了先儒生命智慧，是慈湖之生命智慧與先儒生命智慧之呼應的產物；而「一心以貫之」的道德覺悟，意味著自孔子歿後道德條目無限擴大，道德範疇解釋含義多出傾向的結束。慈湖「一道德」由此獲得了特殊的學理價值。正所謂「簡出陸九淵之門，故所注多牽合聖言，抒發心學。然秦漢以來，百家詭誕之談，往往依託孔子。簡能刊削偽妄，歸於醇正，異同舛互，也多所釐訂，其搜羅澄汰之功，也未可沒焉。」❷❽

（三）儒學「心性」學說之新發展

　　由心性解儒學經典的學術旨趣和一道德的方法追求，可以感覺到慈湖建構世俗意義體系的努力。但他也遇到了本體與方法不一致

❷❽　《四庫全書簡明錄》子部一

的矛盾。這種矛盾在儒學發展史上也是由來已久，這在我們前述各章都涉及到了。

孟子認為，人性本善，寡欲是保存善性的前提。所謂「養心莫善於寡欲」。既然是「寡欲」，那麼（1）「欲」的一定限度上存在被肯定。（2）「欲」之限度要麼靠道德自律，要麼靠制度約束。這與性本善學說出現了矛盾。用慈湖的話說是因為孟子心性論含有「裂心性為二」之企圖。

董仲舒的解答更為粗暴簡單，他將人性分為三品，並認為只有中品的性才是可以教化的。他這種做法第一個錯誤在於縮小了善性存在的範圍：上品之性；從而也縮小了通過善性教化的範圍：中品之性。董仲舒甚至將性與善分別開來，從而倡導他的帝王教化。人性不善，自然不可提出從心性上解決「惡」的方法，因而董子只能提出一系列的道德規範。這與先儒的性本善學說相距甚遠。董仲舒性三品說雖然在規範人的行為方面起到了有限的特定作用，但由於他不是從形上意義去解釋人性問題，他甚至沒有意識到人之本性與本性之外在表現如何溝通的問題。

晚董子數百年的玄學家王弼似乎意識到這一問題。他提出了一個「情」的概念，認為「情」應由「性」來規定，這樣才能獲得「情」之正，這隱含著王弼對性善論的堅持。

> 不性其情，焉能久行其正？此是情之正也。若心好流蕩失真，此是情之邪也。若以情近性，故云性其情。情近性者，僅妨是有欲！❷⁹

---

❷⁹　《論語釋疑》

　　神童王弼確實是慧眼睿識，他在「欲」與「性」之間架了一個橋樑：「情」。這一架設意味著性本善，同時意味著去惡存性的工作只關注「情」即可。這一思路在唐代儒生李翱那裡得到繼承。

　　　　性與情不相無也。雖然，無性則情無所生矣。是情由性而生。情不自情，因性而情，性不自性，由情以明。⓾

　　這就是說，性與情有一種相互依賴關係，這種關係具體體現在，性是情的基礎，有性則必然生情；性也不能自己彰顯於外，借助情才能顯現自己靈性與光輝。然而談到復性時，李翱卻主張不能生情，唯不生情，方為正思，方可復性。「或問曰：人之昏也久矣，將復其性者，必有漸也。問其方？曰：弗慮弗思，情則不生。情既不生，乃為正思。正者，無慮無思也。」㉛

　　李翱希望將惡欲克抑於「情」中，但又言情性無相離，這實際上反映出李翱雖然意識到「情」之設置對保護「性」的特殊意義，卻沒有認識到「情」之生也可能產生「性」失去的危險。（因為情已經是一個現實狀態。）李翱似乎意識到這一點，因此他又主張「弗慮弗思」。實際上，李翱這裡有一個根本的問題沒有解決：即心本善，並且心本善之彰顯乃是心體自我行為，並非借助一種媒介來體現自我之「善」；但這種「善」卻有蔽的可能性，之所以蔽，當由於外界聲、色、名、利，然而如果要克倒千萬個聲、色、利、名，那不僅是不可能的，反而疲於應付，勞而無功，「情」本身是一種欲的表現，所謂懼、喜、哀、樂，甚至是克倒的對象，這就規定了

　　⓾　《復性書》上
　　㉛　《復性書》中

「情」無法完成本善由形上到形下、由理想到世俗的任務。但很顯然，在本體與現實之間架設一個橋梁及「弗思弗慮」觀念的提出卻提示了其後的儒生。

伊川、朱子仍然承續了性情說，開出窮理以復性之路，別出一派，此不贅言。心學大師陸象山顯然意識到了李翱的「情」處理善性與惡行的矛盾，他獨言此心至善至神至靈，無需外求，圓潤無礙，無需借助中介以彰顯自我之「善」。

> 苟此心之存，則此理自明，當惻隱自惻隱，當羞惡，當辭遜，是非在前，自能辭之。❷

但象山並沒有根據他這種「善體自現」的思路去解釋現世惡欲的問題。他知道欲多會導致吾心之害，但剝落之方法卻顯得與其心學本體相矛盾。象山云：

「夫所以害吾心之存者，何也？欲也。欲多，則心之存者必寡；欲之寡，則心之存在必多，……欲去，則心自存矣。」❸

如何去欲？象山的方法顯得拙劣，顯得與其心學本體絕不協調：

「人心有病，須是剝落。剝落得一番即一番清明；後隨起來又剝落，又清明；須是剝落得淨盡；方是。」❹

很難說象山之「剝落」與朱子之「格物」有什麼本質差別，象山在本體之善與存在之惡的問題上存在一個既不能接受「性情」說，又苦於找不到一個與其本體精神一致的「中介」，這個「中介」雖

---

❷　《陸九淵集》卷三四，〈語錄〉

❸　《陸九淵集》卷三二，〈養心莫善於寡欲〉

❹　《陸九淵集》卷三四，〈語錄〉

並不需要具有彰顯心體善性的功能，卻要求有保持心性之善而除掉惡欲之功能，而這個「中介」本身又不能是「實體」或「工具」這一種矛盾。

慈湖特別領悟了萬物一心、心性本善，善性自顯的教導，所謂「象山說顏子克己之學，非如常人克去一切忿欲利害之私，蓋欲於意念所起處將來克去，故慈湖以不起意為宗，是師門之傳也。」❸❺不管這種說法有多少參考價值，但楊慈湖在處理心學之善本體與現世惡之關係、並企圖消滅現世之惡方面，比象山更具膽識與才華。

> 人心至靈至神，虛明無體，如日如鑑，萬物畢照，故日用平
> 常不假思為，靡不中節，是為大道。微動意焉，為非為假，
> 始失其性。❸❻

「起意」才使心失其善性失其光明；那麼這種「意」究竟是個什麼東西？

> 何謂意？微起焉皆謂之意，微止焉亦皆謂之意。……心與意
> 奚辨？是二者未始不一，蔽者自不一。一則為心，二則為意；
> 直則為心，支則為意；通則為心，阻則為意。❸❼

「意」是一種心理狀態，這種心理狀態之出現，便與心為二，便是支而不直，便是阻而不通。因此，「意」之抑制使之不起便可

❸❺　《宋元學案・慈湖學案》

❸❻　《慈湖先生遺書》卷九，〈論禮樂〉

❸❼　《慈湖先生遺書》卷二，〈絕四記〉

維護本心之善，便可滅去人間一切之惡，便可保善心之通萬物，因而要「絕意」、「毋意」。

「孟子明心、孔子毋意，意毋則此心明矣！」❸由慈湖對「意」之論述可以看出，「毋意」與「一道德」、與「以心性釋經典」是高度一致的，因為不以「心」釋經，不言諸般道德條目為一，則就是「支」了、「曲」了、「二」了，一句話，「意」了！

「意」與「情」不同，它僅是一種心理狀態，沒有任何感性表現形式；不能用邏輯的方法去捕捉它。它靜止時與心為一；但「意」有「起」的可能性，而「意起」實際上是聲、色、利、欲、名的誘惑，這樣就通過「意」把形上之善性與形下之惡溝通起來，並通過「毋意」、「絕意」的方法，去除聲、色、利、欲、名的誘惑，保持心之善性。

「意」範疇的引入，與心學本體論保持了一致，同時也為區別本有之善與現世之惡找到了根據，並克服了性善與現世之惡存在的理論矛盾。「意」概念之確立非但對心學、即便對中國哲學都是一個貢獻。我們在明朝心學大師王陽明思想中發現，「意」成為其道德哲學體系中的一個基本術語和範疇，正如我們在本書第十章指出的那樣。「指心之發動處謂之意，指意之靈明處謂之知，指意之涉著處謂之物，只是一件。」❸這就是所謂：「(慈湖) 雖言不盡意，而意豈外言哉？吾明王文成公良知一派，固毋起意鼓吹也，稱慈湖見解已晤無聲無臭之妙。嗟嗟，讀是書者，能潛澈邊見，默默證心，其禪耶，非禪耶，亦當有會於聲臭外。」❹

---

❸　《慈湖先生遺書》卷二，〈絕四記〉

❸　《傳習錄》上

❹　(明) 潘汝楨刻〈慈湖先生遺書序〉

（四）禪乎？非禪

漢唐以降，佛學在中國思想史中扮演了重要角色；但由於佛學並非中國思想正統，因而盡管各家各派都對佛學產生了自身要求的興趣，卻非常忌諱他人言自己是佛。是佛非佛，曾經是朱陸爭論一個重要內容。作為象山高弟的楊慈湖，自然免不了為人稱作「禪」。比較系統又明顯地帶有學派情緒的說法是朱熹弟子陳淳（北溪，公元1153－1217年）的一段話：

> 浙間年來象山之學甚旺，由其門人楊、袁貴顯，據要津唱之，不讀書，不窮理，專做打坐工夫，求形體之運動，知覺者以為妙訣，又假託聖人之言，牽就釋意，以文蓋之。慈湖才見伊川語，使怒形於色，朋徒私相尊號為祖師，以為真有得於千載不傳之正統。嚴陵有詹，喻輩護法，其或讀書，即讀語孟精義，而不肯讀集注，讀中庸集解，而不肯讀章句或問，讀河南遺書，而不肯讀近思錄，讀通書，而不肯讀太極圖，即讀通書，只讀白本，不肯讀文公解本。某極口為之明白剖析，邦人始有知邪正所由分者，異端曲學，賊證暴露。❹

北溪的這段話核心是（1）指責慈湖等人對朱學的不屑態度。（2）從而視慈湖等為禪、為異端。其用詞之尖刻，殆於謾罵，派系情形溢於言表。明代，視楊慈湖為禪的看法卻變得明朗起來：

（明）崔銑在為《楊子折衷》所寫序文中說：「佛學至達摩曹溪，論轉輕截，（宋）大慧授張之韶，其徒德光又授之陸子靜，子

靜傳之楊慈湖。」❷到《四庫全書總目提要》，慈湖心學完全被認為是「禪」了：

> 其一、簡有慈湖易傳已易，著錄金溪之學，以簡為大宗，所為文章，大抵敷暢其師之說，其講學純入於禪，先儒論之詳矣！
>
> 其二、陸九淵之學，近乎禪而非禪，其全入於禪，則自簡始，猶王守仁之一傳為王畿也，王畿多空談，簡則有實用，畿不矜細行，簡則不失為正人。

　　現代人崔大華認為慈湖心學與佛學有密切聯繫，並認為楊簡心學由「禪」而入蒙昧主義。當然，崔大華也說到了慈湖心學與「禪」的區別，那就是思想內容不一樣。❸可見，慈湖心學與「禪」究竟是個什麼關係，仍有必要考證一番。為慈湖打抱不平的第一個人自然是他的老師陸象山，陸象山針對朱熹弟子說慈湖為「禪」論調進行了辯解：「楊敬仲不可說他有禪，只是尚有習氣未盡。」❹而謝山〈碧沚楊文公書院記〉的解釋也是平實可信：

> 夫論人之學，當觀其行，不徒以其言。文元之齋明嚴恪，其生平踐履，蓋涑水、橫渠一輩人。曰誠，曰明，曰孝弟，曰忠信，聖學之全，無以加矣。特以當時學者沉溺於章句之學，而不知所以自撥，故為本心之論，以提醒之，蓋誠欲導其迷

---

❷　《湛甘泉文集》卷一七

❸　參見崔大華《南宋陸學》，中國社會科學出版社1984年版

❹　《陸九淵集》卷三五，〈語錄〉

途而使之悟，而非此一悟之外，更無餘也。**㊺**

　　這就是說，慈湖心學宗旨在於提醒人心，並不放棄忠信、孝弟、誠明之教化，僅僅是提醒人們不要沉溺於章句之中，如此學問何以能說是「禪」？

　　我們再回過頭觀上述對慈湖為「禪」的說法。此溪言慈湖不讀書、不窮理，我們由《慈湖先生遺書》中看到，慈湖所述涉及絕大多數儒學經典，而且認為要從經書、文字中體悟出先聖的真精神，故所謂不讀書不窮理，實為勉強詞；(明)崔銑說大慧傳佛張之韶，德光授陸子靜說不可靠，**㊻**既然，德光傳佛於象山不可靠，象山傳佛於慈湖則無從談起；《四庫全書》稱陸子靜之學入於「禪」自慈湖始，可惜沒有提出任何充分的根據。而我們以為，慈湖的確吸納過「禪」的智慧，但我們的研究表明，慈湖心學的精神、內容、方法，(以心性釋經、一道德、日用庸常是謂教等)主要是儒家的，故不可簡單地稱慈湖為「禪」。特別是慈湖平生踐履，關懷眾生，勤於道德，這與躲在深山、遠離市鎮的「禪宗」，確實難以同日而語。崔大華以現代人的眼光，觀慈湖與「禪」這關係，很有參考之處，但言慈湖由「禪」而入蒙昧主義，也很難使我們心服，崔大華引了這樣一句話：「如蒙如愚，以養其正，作聖之功」。**㊼**以說明慈湖的蒙昧主義。從字面上看，如蒙如愚，並不是真蒙真愚，因為真蒙真愚，就不需「如」字了；其次，若是真蒙真愚，不要說慈湖體貼不出先聖的真精神，甚至提不出「一道德」和「以心性釋經」之

㊺　《宋元學案・慈湖學案》

㊻　參見曾春海《陸象山》，頁一六七、一八六，東大圖書公司1988年版

㊼　《楊氏易傳》卷一四，〈益〉

方法，更不用說其生平踐履能有「光彩照人」的功績；此外，如我們所說，慈湖實際上是借助「禪」的智慧包括（文字上的指喻、比喻）來言說儒家的性本善、大宇宙之境界，所謂「孔子曰心之精神是謂聖，即達摩謂從上諸佛，惟以心傳心，即心是佛，除此外，更無別佛。」❹故不可由此言楊慈湖提倡蒙昧主義。

由此我們可否得到這樣一種認識：言心學或慈湖為「禪」，其實在於朱子及其弟子對陸學的偏見所致，而心學家在借助佛禪智慧以明儒學之真精神方面，則比朱子及其弟子做得更為出色。

二、現代價值

我們在本書的許多章節都論及慈湖之學的現代價值，這裡有必要集中談一談。

十九世紀末，生活在近代科技迅猛發展、人文主義思潮日益高漲、經濟主義欲望不斷擴展氛圍中的傑出的西方思想家們已經預感到人類傳統文明可怕的消亡命運。尼采在他的《強力意志》中指出：

> 我談論的是今後兩個世紀的歷史。我描述的是即將到來，而且不可能以其它形式到來的事：虛無主義的降臨。這部歷史目前就能加以討論，因為必要性本身已經出現。未來正以一百種跡象傾訴著自己。……因為眼下我們整個歐洲文化在走向災難，帶著幾個世紀積下來的磨難和緊張，騷動著，劇烈地向前，像一條直奔向乾涸盡頭的河流，不再回顧身後的一切，也害怕回顧。

---

❹　《慈湖先生遺書》續集，〈炳講師求訓〉

近代思潮的三隻老虎科學主義、人文主義、經濟主義正大口大口地吞噬著西方傳統文明。這個時代到今天依然沒有結束。特別是科學主義、人文主義、經濟主義掛著新的文明、新的進步的牌子，堂皇地進入發展中國家，致使發展中國家的傳統文明遭受著與發達國家同樣、甚至更為可怕的命運。拿中國而言，或許是因為中國傳統文明過於龐大而牢固，抑或是中國傳統文明中內蘊著排斥近代科學主義、人文主義、經濟主義的基因，中西之間的「張力」一直繃得很緊，以至二十世紀的中國史基本上可以概括為處理中西文明關係的歷史。從現實意義上看，十九世紀末二十世紀初來到中國的「賽先生」，的確推動了中國實物文明的進步，特別是給中國思想史注入了科學主義的精神，這是無可置疑的功績，但科學主義的負面影響也在與日俱增。這種負面影響可分為兩個層面：

第一是人們「正常」地應用科學所導致的負面影響。如居家飲食所導致的溫室效應；如開掘資源所導致的能源短缺；如工業生產所導致的大氣污染。

第二是人們「失常」地應用科學所導致的負面影響。如森林的亂砍亂伐；如對礦產資源的肆意開採；如工業污煙廢水的盲目排放。

盡管各行專家乃至世界各種組織都密切關注這一問題並採取了一系列措施。但這一問題似乎沒有得到有效的遏制。這好像朱夫子說的「理生氣，氣一出來，理卻管他不得」，但朱夫子卻仍然要用「理」去管。在這個「科學」難以駕馭「科學」的時代，促使我們尋找其它更有效的辦法。科學技術用得好，是人們提高物質生活的一種手段，也是美化生活環境的手段；用得不好，則非但不能提高生活質量，反而危及人類的生存。而科學技術說到底不過是人與自然之間的中介，也就是說，科學技術之所以產生各種負面影響，

乃是人缺乏把握好應用科學技術的意識，缺乏由這種把握而提升的人與宇宙為一體的意義，用楊慈湖的話講，就是人好將一己的六尺之軀與宇宙隔開，視自己為萬物之靈而驕傲自大，為所欲為。慈湖認為，人與宇宙本體為一，因此也可以說宇宙的災難實際上也就是人的災難，人類缺乏這種終極觀念，就會不斷糟蹋自己而不知不覺。慈湖云：

> 吾之血氣形骸乃清濁陰陽之氣合而成之者也，吾未見夫天與地與人之有三也。三者形也，一者性也，亦曰道也，又曰易也，名言不同而其實一體也。❹

　　這就是說人的肉體乃由宇宙各種「氣」合而成，因此，人與天與地，名異而實同。既然人與自然一體，人為宇宙之一「氣」，他又有什麼理由去破壞自然呢？可見，理解並把握了天地人一體的意識，才可能使人面對宇宙自然遭受各種破壞時而產生發自內心的震撼；也才能確立人在應用科學技術的同時以維護大宇宙之和諧為急為重的終極關懷觀念；人類迴盪在大宇宙中的歡笑才可持久。

　　與科學主義密切關聯的是近代人文主義思潮，「自由」與「民主」是這一思潮的追求目標，代表著這一思潮的精神。「自由」與「民主」作為早期資本主義革命的號召，它曾經對人類的進步發生過巨大的積極作用。但「自由主義」與「極端民主」現象的出現，則意味著早期「民主」「自由」價值的喪失，現代人往往借助「天賦人權」理論，無端而無止盡地要求自由與民主，致使人變成了「自由」與「民主」的奴隸乃至犧牲品，從求得個性之展現、自我價值

---

❹　《慈湖先生遺書》卷七，〈己易〉

之實現到最終變得非人化。同時，由於現代社會制度，諸如社會組織，政黨，公司，企業組織的健全發達而嚴密無縫，要求人只能這樣，不能那樣，人性與制度的衝突日益尖銳，人處於一種十分艱難的處境。而這種困境的出現最終說來也是人自身設置的，因為人不斷地追求民主與自由，仍然是把一己看得太重，將一己的價值從社會中凸顯出來的欲望太重，不顧社會所可能允許的限度，無限制向社會索取，而社會文明程度是一種非常現實的存在。在這種背景下，人是否可以冷靜下來思考一下，我們的要求是否太過份？或者這種要求似乎缺乏某種深層的根據？人之個性與社會存在究竟協調在一個怎樣的水平才算合理？我們認為，慈湖的學說在這方面似可給予啟發。慈湖先生認為，人心先天具有善性，自靈自神自明，因此，人悟解了本有之善，並能主動地彰顯此善於日用庸常，那麼這個人可超越個我而與聖相通，從而減緩個我於現世的緊張。慈湖先生云：

> 學者當知，舉天下萬古之人心皆如此也。……學者當自信，毋自棄毋自疑，意慮倏起，天地懸隔，不識不知，匪合匪離，直心而往，自備萬善，自絕百非，雖思為，昭明弗遺。❺

也就是說，人不應光汲汲於個我價值的實現，不應該汲汲於個我自由的掠取，應該站在人心本善的高度，一萬物，同人我，從而獲得人與社會之間的協調以減輕人被制度化、非人化的感覺，人性的完善不僅僅體現於民主的參與與自由的獲取，更應該體現在人所獲取的民主與自由的質量。

　　經濟主義是資本主義的基本特徵，由於早期資本主義時期「宗

---

❺　《慈湖先生遺書》卷二，〈二陸先生祠堂記〉

教衝動力」（禁欲、苦行、勤儉）成為經濟行為的主要精神，造成了資產者精打細算、兢兢業業的經營風範，其經濟行為，也很有倫理風貌。隨著資本主義的發展，「經濟衝動力」（貪婪、掠取、揮霍）漸漸成為主導精神，而「宗教衝動力」日益式微。在西方，經濟主義在增加社會財富，推動經濟發展的同時，也將人們帶進了欲海。股票的高額利潤強烈地刺激著人們求利的欲望；分期付款的消費方式助長了享樂主義蔓延；銀行貸款則創造了追求私利的機會。二十世紀以來，後發展國家大有重蹈甚至已蹈發達資本主義足跡的趨勢。拿當前的中國言，盡管經濟主義對國家經濟實力的增長，人民生活水平的改善，起到了重大作用；但唯利是圖、權力崇拜、精神虧缺、道德淪喪現象極為嚴重，社會的倫理基礎不復存在，逐名、逐利、逐聲、逐色已使很多人成了非人，甚至成了各種追逐的犧牲品。如何讓人的欲望限制在合理的限度之內，而且不影響經濟的發展，光靠法制似乎仍解決不了問題。西方的法制極為健全，但它們仍然困擾在經濟主義所滋生的各種社會病態中。慈湖先生指出，人與宇宙一體，如果汲汲於一己之私、一己之名，這就是將人與宇宙隔開，人也就不能與宇宙融為一體，而成為大宇宙之贅。以宇宙之胸懷來觀一己之生命，牢牢將一己的價值確立在終極的根源上。慈湖先生云：

> 楊朱拔一毛利天下不為，固無是樂也，此則異端之道，非天地大公之道也。莊子謂楊朱得道於老聃，則亦非礙礙者矣。蓋知有己而己不知他也，見天地間未始有一物，而不見天地間未始無萬物也。知一而不知十、百、千、萬也。❺

---

❺ 《慈湖先生遺書》卷一○，〈論論語上〉

　　這種「拔一毛利天下不為」的小己觀念，正是不知道自己有善根；即便知道，也不懂得如何將這種善根彰顯於外；不知小己與宇宙為一之結果。因為人一旦把握了自我本有之善性，一旦由一己與宇宙一體的角度，把握個我的生命，那麼，他就可以超越個我，他就可以在外在的聲、色、名、利面前，無動於衷，視如無視，聽如無聽，慈湖云：

> 不以天地萬物萬化萬理為己，而惟執耳目鼻口四肢為己，是剖吾之全體而裂取分寸之膚也，是梏於血氣而自私也，自小也，非吾之軀止於六尺七尺而已也，坐井而觀天，不知天之大也，坐血氣而觀己，不知己之廣也。❺❷

　　按照慈湖的意思：「一」就是通、直，也就是大道，是本心；「二」就是阻，曲，也就是邪、私。因此，堅持小己與宇宙一體之觀念，也就是對「私」的克制。

　　此外，根據慈湖「萬理歸一」「萬物歸一」的理論，日用庸常就是道德教化。也就是說，每個人管好自己的行為與言論，這就是至德。

　　這與我們今天所提倡的榜樣式教化大異其趣，慈湖的觀念是否能給我們一些啟發呢？

　　楊慈湖堅持「萬物歸一」、「萬物一心」，核心就在於提醒人本心之善，從而沿著這種先天的「善」去處理人與自然、人與社會、人與利益之間的關係，如上所言，它具有獨特的價值。但是，人類面臨的事實是，科學的進步，經濟的發展，乃至自由、民主的追求，

---

❺❷　《慈湖先生遺書》卷七，〈己易〉

已成人類生存與發展不可或缺的條件，而現實生活中的人卻很難去體認自我之本。欲的存在，小己的存在，往往使他們遠離本善之心，這就意味著，我們不能只一廂情願地呼喚良心，而且相應地接受法制的建設。因此，我們信守並倡揚慈湖心學價值的同時，也應對其缺陷給予充分的認識。這正體現了傳統儒生的這樣一種使命：

　　為天地立心
　　為生民立命
　　為往聖繼絕學
　　為萬世開太平

楊 簡 年 表

年　　代		記　　　　事	
		楊　　簡	歷史大事記
宋高宗十一年(辛酉) 一　歲	公元1141年	楊簡出生於浙江慈溪	金人渡淮陷廬州。 金夏開榷場互市。 宋金議和。 宋名將岳飛被害。
宋高宗十八年(戊辰) 八　歲	公元1148年	進小學讀書，嚴立若成人，凝靜如常，未嘗投足戶外。	金修遼史成。 金兀朮卒。 金以完顏亮為相。 宋賑明、越等州流民。
宋高宗三十年(庚辰) 二十歲	公元1160年	侍奉父母身旁，儼然孝子。勤奮好學，常等雙親熟睡之後，秉燭苦讀，至深夜。為文清潤峻整，不好作流俗文字。	宋罷夔州路榷茶。 金主亮至汴京，起兵五十萬再謀南攻。 宋初行會子於東南。 夏任得敬上疏請廢學校，仁宗不予採納。
宋高宗三十一年(辛巳) 二十一歲	公元1161年	入太學讀書，每次考試名列榜首。讀書面壁而坐，俟日薄西，才打開紙筆，行文如波注，無一字誤。與陸九齡之友沈叔晦相識。	胡宏卒。 宋詔分經義、詩賦兩科取士。 金分四路南攻，金世宗定都燕京。 契丹耶律窩罕稱帝，建元天正。

年　　　代		記　　　事	
		楊　　簡	歷史大事記
宋孝宗乾道二年(丙戌)	公元1166年	在太學與袁燮、陸九齡、沈煥、舒璘切磨道義。	宋省六合戍兵、以所墾田給還復業之民。 宋詔汰冗兵。 金設置太學。
二十六歲			
宋孝宗乾道四年(戊子)	公元1168年	在太學循理齋好學好思。此時已領會空間無內外、無際邊、三才、萬物、萬化萬事幽明有無通過一體之道理，成為學問道路上第一次大覺。	宋置和州鑄錢監。 西夏遣使約發兵攻西番。 宋限品官子孫名田。 金遣使招諭阻止。
二十八歲			
宋孝宗乾道五年(己丑)	公元1169年	舉進士，同時任富陽主簿。楊簡在富陽興學養士，文風益振。	宋措置兩淮屯田，冀州民張和等起義反金，宋為岳飛立廟於鄂州。
二十九歲			
宋孝宗乾道六年(辛卯)	公元1171年	〈永嘉郡治更堂亭名記〉云：某二十有八而覺，三十有一又覺，覺此心清明，斷斷乎無過失，過失起意，是為慈湖學問上第二次大覺。	
三十一歲			
宋孝宗乾道八年(壬辰)	公元1172年	慈湖訪陸九淵於行都，向陸氏求教，並拜其為師，陸氏的「扇訟」是非啟發楊慈湖頓悟「此心清明，無所不通」之旨。是為楊慈湖學問上的第三次大覺。	宋禁州縣令保正充役，金內部分民眾起義反金，宋朱熹撰《資治通鑑綱目》成。
三十二歲			

年　　代		記　　事	
		楊　　簡	歷史大事記
宋孝宗淳熙元年(甲午)　　三十四歲	公元1174年	有尤樸茂者求學於楊簡。楊母藏氏卒，離官。因母喪而悟萬物為「鏡中象」，是為慈湖學問上第四次大覺。	宋以交趾入貢，賜名安南，封李天祚為安南國王,宋立金銀出界罪賞，宋修吏部七司法。
宋孝宗淳熙三年(丙申)　　三十六歲	公元1176年	楊簡任紹興府獄監司理，秉公執法。	金始置外府不及京府女真學。金以女真文譯《史記》、《西漢書》、《貞觀政要》等書。朱熹奏復白鹿洞書院。
宋孝宗淳熙八年(辛丑)　　四十一歲	公元1181年	丞相史浩薦薛叔似、楊簡、陸九淵等十五人為都堂審察。	呂祖謙卒。金復置綏德軍榷場、與夏互市。宋立郴州宜章,桂陽軍,臨武群學以教養峒民子弟。宋下朱熹社倉法於諸路。
宋孝宗淳熙九年(壬寅)　　四十二歲	公元1182年	朱熹誇楊簡的學識，認為楊簡是四明之士可與之遊的四人（呂子約、沈叔晦及袁和叔）之一。	金於各路推排。宋罷諸路科買軍器物料三年。

年　　代		記　　　　事	
		楊　　簡	歷史大事記
宋孝宗淳熙十年(癸卯) 四十三歲	公元1183年	陸九淵訪楊簡於臨安	宋禁道學。 金譯《易》、《書》、《論語》、《孟子》等書成。
宋孝宗淳熙十一年(甲辰) 四十四歲	公元1184年	楊簡任浙西撫屬，統領三將兵，行諸葛恩信，正兵法，軍政大修。	金世宗至東京。 宋禁諸軍將佐於屯駐地私置田宅、房廊、質庫、邸店及私自興販營運。
宋孝宗淳熙十二年(乙巳) 四十五歲	公元1185年	楊簡創其能名齋於寶蓮山	宋置聚州防邊又勇。 金世宗還燕。 金遣使臨黃、壽州勸農。
宋孝宗淳熙十四年(丁未) 四十七歲	公元1187年	書信張元度。 葉適薦陳傳良、楊簡等三十四人給丞相，待召用。	陸九淵講學於貴溪應天山，建精舍，並書告楊簡此事。 宋高宗趙構卒。 金禁女真人不得改稱漢姓、學南人衣裝。

年　　代		記　　　事	
		楊　簡	歷史大事記
宋孝宗淳熙十五年(戊申) 四十八歲	公元1188年	楊簡改知縣，未就任。 楊簡父楊庭顯卒。	金建立女真太學。 宋朱熹上萬言書，提出六項「急務」。
宋孝宗淳熙十六年(己酉) 四十九歲	公元1189年	楊簡講學於碧沚書院。 學生有史忠定等。	金世宗完顏雍卒，孫璟立。 宋孝宗自稱太上皇，傳位於太子。 朱熹《太學》、《章句》注解成。
宋光宗淳熙三年(壬子) 五十二歲	公元1192年	楊簡任樂平知縣，並設壇講學，提出「時有古今、學無古今、性無古今」之見解。 整治樂平盜搶之風，修樂平社壇，並撰記。	宋禁州縣新作寺觀。 金禁官吏、百姓姓名皆同於古帝王者，又令避周公、孔子諱。 陸九淵卒。

年　　代		記　　事	
		楊　　簡	歷史大事記
宋光宗紹熙四年(癸丑)	公元1193年	撰〈二陸先生（陸九淵、陸復齋）祠堂記〉，樂平遇旱災，楊簡講聚民之政，使民雖饑不害，裘萬傾拜楊簡為道德師，撰祖象山辭、祭象山文。	宋貸淮民市牛錢。金主釋奠孔子廟。夏國王李仁孝卒，子純裕嗣。
五十三歲			
宋光宗紹熙五年(甲寅)	公元1194年	楊簡為王節庵寫記，撰《象山先生行狀》冊訂《己易》一書。詔為國子博士。	金據宋《崇文總目》詔求遺書。宋光宗為太上皇，子擴即位。宋禁民間言官禁事。
五十四歲			
宋寧宗慶元元年(乙卯)	公元1195年	楊簡因支持丞相趙汝愚被罷	宋丞相趙汝愚罷，韓侂冑弄權。宋太學生楊宏中等人以疏論罷趙汝愚事，皆送五百里外編管。宋詔戒百官朋比。
五十五歲			
宋寧宗慶元二年(丙辰)	公元1196年	為偽學風盛，有張渭叔求學，楊簡教之「以心之精神即謂聖」。為「磬齋」作記。撰《東山賦》。	趙汝愚於衡州病卒。金初行區種法。宋禁道學，稱之為偽學。
五十六歲			

年代		記事	
		楊簡	歷史大事記
宋寧宗三年(丁巳)	公元1197年	楊簡取曾子書、參古本而釋其疑義，並撰《曾子序》撰《春秋祀董孝君辭》。	金親王宣赦始用女真字。宋申嚴私銅器之禁。宋詔監司帥府薦舉政官。勿用偽學之人。宋置偽字之士朱熹等五十九人籍。
五十七歲			
宋寧宗六年(庚申)	公元1200年	楊簡主管崇道觀。再任朝奉郎。	朱熹卒。宋太上皇光宗卒。金西北路修長城成。宋加韓侂冑太傅。
六十歲			
宋寧宗嘉泰元年(辛酉)	公元1201年	《石魚偶記》云：楊慈湖悟子貢、孟子言仁、言知與孔子不一，又覺孔子言知、言仁並繼之以勇，為「得道之全」成為第六次大覺❶。	
六十一歲			
宋寧宗嘉泰三年(癸亥)	公元1203年	楊簡築室德潤湖上。並建慈湖館，講學於此。撰《先聖大訓》。	宋造戰艦。宋禁坑冶司毀私錢為銅。
六十三歲			
宋寧宗嘉泰四年(甲子)	公元1204年	楊簡為昌國州申義堂作記，受沈文彪之邀，講學於亭館。受賜緋衣銀魚朝散郎。罷主管仙都觀。	宋韓侂冑議伐金。宋嚴科舉請託之禁。金詔親軍三十五以下習《孝經》、《論語》。
六十四歲			

❶ 楊慈湖學問上的第五次大覺，請參閱本書第二章。

年　　代		記　　　　事	
		楊　　簡	歷史大事記
宋寧宗開禧元年(乙丑)　　六十五歲	公元1205年	楊簡為《象山集》作序	蒙古鐵木真在夏落思城大掠人口、牲畜而歸。宋武學生華岳上書反對用兵，以忤韓侂冑流放延寧。金罷宣撫司。
宋寧宗開禧二年(丙寅)　　六十六歲	公元1206年	楊簡撰寫《孫委和壙志》，讀《大禹謨》悟稽眾舍己從人之理——「克艱」成為慈湖學問上第七次大覺。	宋嚴科舉回避法。宋下詔伐金。蒙古鐵木真即位於斡難河，號成吉思汗。
宋寧宗嘉定元年(戊辰)　　六十八歲	公元1208年	授楊簡秘書郎、朝請郎、著作佐郎、兵部郎官等職。與弟子徐熠談「〈己易〉」與〈孔子閑居解〉」之異同，召真德秀於備數館當責，命楊甫知建康，日本僧俊芿求書於楊簡。	宋金議和成。金章宗卒叔衛王允濟嗣位。金設近侍局。
宋寧宗嘉定二年(己巳)　　六十九歲	公元1209年	楊簡撰〈著庭記〉。上書「旱煌根本近在人心」撰〈昭融記〉、〈參前記〉。訪違庵並為之記。	蒙古攻夏。蒙古與金絕交。宋楊、楚、衡、郴、吉五州及南安軍民變。

年　　代		記　　　　事	
		楊　　簡	歷史大事記
宋寧宗嘉定三年(庚午)　　七十歲	公元1210年	楊簡任國史院編修,與實錄院檢討官。 罷妓籍、敬賢士。 撰〈鄉記序〉、〈永堂春記〉。	宋詔沿海捕海寇。 宋申嚴圍田增廣之禁。 蒙古襲殺金邊將。
宋寧宗嘉定四年(辛未)　　七十一歲	公元1211年	楊簡修溫州社稷壇,撰〈半亭高祖墓記〉、〈勸農文〉等文,改「永嘉群學養源堂」為「永堂」,改「永嘉郡治堂」為「咏春堂」,並撰〈永嘉郡治更堂亭名記〉〈永嘉郡學永堂記〉。	蒙古侵金邊。 宋劉世雄等發動兵變,失敗。 夏主安全卒,族子遵項立。 西遼亡。
宋寧宗嘉定五年(壬申)　　七十二歲	公元1212年	楊簡在溫州為官廉儉菲薄,深得人心。離任時,老穉纍纍,爭扶雍緣道相送。遷駕部員外郎,改工部員外郎。	金主動派使臣冊封遵項為夏國王。 宋罷沿海諸州船錢。 蒙古襲破金東京。
宋寧宗嘉定六年(癸酉)　　七十三歲	公元1213年	楊簡遷軍器監,兼工部郎官轉朝奉大夫;又遷將監兼國史院編修官,兼實錄院檢討官。 為王德高寫墓。	耶律留哥取遼東州郡自立為遼王。 胡沙虎殺金主永濟、立升王是為宣宗。 蒙古圍金燕京。

年　　代		記　　　　事	
		楊　　簡	歷史大事記
宋寧宗嘉定七年(甲戌) 七十四歲	公元1214年	楊簡轉朝散大夫，主管成都玉局觀。	金遷都南京，楊安兒稱帝，建元天順。 金以公主歸於成吉思汗，及以金帛、馬匹與蒙古和，中都和解。夏約宋攻金，不報，與宋絕。
宋寧宗嘉定十年(丁丑) 七十七歲	公元1217年	楊簡偶作詩二首。 對將日月食原因歸於定數的觀點提出懷疑。	宋下詔伐金，自是宋金連年構兵。 蒙古成吉思汗引軍攻夏。
宋寧宗嘉定十一年(戊寅) 七十八歲	公元1218年	楊簡為葉祐之之母張氏撰墓。撰寫〈臨安府記〉，此記云：某行年七十有八，日夜兢兢，一無所知，曷以稱塞，欽惟舜曰:「道心非心外復有道，道特無所不通之稱」。是為慈湖學問上的第八次大覺。	夏主請與金恢復邊地互市，金拒之。 金求和於宋，不許，遂入侵。 高麗稱臣奉貢於蒙古。
宋寧宗嘉定十二年(己卯) 七十九歲	公元1219年	楊簡升直寶文閣，主管明道宮。 撰寫〈敬止記〉。	金侵淮南。 宋軍士張福軍領導紅巾軍起義於興元。 蒙古西征花剌子模等國。

年　　代		記　　　　事	
		楊　簡	歷史大事記
宋寧宗嘉定十四年(辛巳)	公元1221年	楊簡任秘閣修撰，主管紹興千秋鴻禧觀。題「純德朝額」。	蒙古攻陷金之東平，金不能經營山東。宋與蒙古互遣使通好。趙珙撰《蒙韃備錄》成。
八十一歲			
宋寧宗嘉定十五年(壬午)	公元1222年	楊簡授朝請大夫，右文殿修撰，主管南京鴻慶宮，授賜紫衣金魚。	金兵破廬州，旋敗，金之兵財由是大竭。宋於江淮，四川等地條畫營田。蒙古軍取金河中。
八十二歲			
宋寧宗嘉定十六年(癸未)	公元1223年	楊簡進寶謨閣特制。提舉鴻慶宮賜金帶。	蒙古軍定西域諸城。金宣宗卒，太子守緒嗣。
八十三歲			
宋寧宗嘉定十七年(甲申)	公元1224年	楊簡任寶謨閣直學士，賜金帶。史忠定之孫子仁請楊簡講學。	夏金議和。蒙古成吉思汗至東印度國，旋班師。宋寧宗卒，理宗繼位。袁燮卒。
八十四歲			

年　　代		記　　事	
		楊　　簡	歷史大事記
宋理宗 寶慶元 年(乙 酉) 八十五歲	公元1225年	朝廷召見，楊簡以病辭。 為母侄蔣氏寫墓。	蒙古成吉思汗遷行宮。 宋加史彌遠太師，封魏國 公。 蒙古使如高麗，被殺，兩 國不通問。 宋罷真德秀、魏了翁。
宋理宗 寶慶二 年(丙 戌) 八十六歲	公元1226年	授文閣直學士，提舉鴻慶 宮太中大夫。 是年三月卒，贈「正奉大 夫」，封爵慈溪縣男。	蒙古成吉思汗攻夏。 夏神宗卒。 宋楚州軍亂。

參考書目

1. 《慈湖先生遺書》十八卷續集二卷　張宗祥編《四明叢書》第四集

2. 《楊氏易傳》二十卷　張宗祥編《四明叢書》第一集

3. 《慈湖詩傳》二十卷、《先聖大訓》六卷　張宗祥編《四明叢書》第三集

4. 《論語譯注》楊伯峻譯注　中華書局（北京）　1980年版

5. 《孟子譯注》楊伯峻譯注　中華書局（北京）　1984年版

6. 《四書集注》（宋）朱熹集注　岳麓書社（長沙）　1986年版

7. 《陸九淵集》（宋）陸九淵著　中華書局（北京）　1980年版

8. 《王文成公全書》（全二十四卷）《四部叢刊・集部》本

9. 《宋元學案》（清）黃宗羲著，全祖望補修

10. 《中國哲學史資料選輯》（上、下）北京大學哲學系編注　1981年版

11. 《四庫全書簡明目錄》（清）永容等著　上海古籍出版社　1985年版

12. 《經學概說》何耿鏞著　湖北人民出版社（武漢）　1984年版

13. 《中國哲學大綱》張岱年著　中國社會科學出版社（北京）　1982年版

14. 《中國哲學辭典》韋政通著　水牛出版社（臺灣）　1994年版

15. 《中國哲學辭典大全》韋政通主編　水牛出版社（臺灣）　1989年版

16. 《哲學大辭典・中國哲學史卷》嚴北溟主編　上海辭書出版社　1985年版

17. 《諸子集成》（全八冊）　上海書店　1990年版

18. 《十三經注疏》（全二冊）　中華書局（北京）　1980年版

19. 《中國思想史》韋政通著（全二冊）　水牛出版社（臺灣）1991年版

20. 《中國哲學》（第八輯）　三聯書店（北京）　1982年版

21. 《中國哲學思想史》（宋代篇）羅光著　學生書局（臺灣）　1984年版

22.《中國文化史導論》錢穆著　商務印書館（北京）1994年版

23.《中國哲學生命與方法》吳怡著　東大圖書公司（臺灣）　1984年版

24.《中國倫理思想史》沈善洪、王鳳賢著　浙江人民出版社（杭州）

　　1985年版

25.《宋史》（全四十冊）（元）脫脫等撰　中華書局（北京）1977年版

26.《朱子遺書》（宋）朱熹著，（清）賀瑞麟輯《西京清麓叢書・正編》本

27.《宋明理學史》侯外廬等主編　人民出版社（北京）　1984年版

28.《理學的演變——從朱熹到王夫之戴震》蒙培元著　福建人民出版社（福

　　州）1984年版

29.《孟子》黃俊傑著　東大圖書公司（臺灣）　1993年版

30.《陸象山》曾春海著　東大圖書公司（臺灣）　1988年版

31.《論宋明理學》（文集）　浙江人民出版社（杭州）　1983年版

32.《南宋陸學》崔大華著　中國社會科學出版社（北京）　1984年版

33.《陸王心學研究》張錫勤、霍方雷著　黑龍江人民出版社（哈爾濱）

　　1982年版

34.《陸象山弟子研究》徐紀方著　文津出版社　臺灣　1990年版

35.《陳白沙哲學思想研究》章沛著　廣東人民出版社（廣州）　1984年版

36.《宋明理學概述》錢穆著　學生書局（臺灣）　1977年版

37.《中國佛教思想資料選編》（全四卷）石峻、樓宇烈、方立天、許杭生、

　　樂壽明編　中華書局（北京）　1981年版

38.《莊子淺說》曹礎基著　中華書局（北京）　1981年版

39.《周易通讀》張吉良著　齊魯書社（濟南）　1993年版

40.《帛書〈老子〉校注析》（上、下卷）黃釗著　湘潭大學哲學系　1985年

　　印

41.《易學哲學史》（上、中、下）朱伯昆著　北京大學出版社　1988年版

42.《中國哲學邏輯結構論》張立文著　中國社會科學出版社（北京）

　　1989年版

43. 《道德理想的重建》牟宗三著，鄭家棟編　中國廣播電視出版社（北京）1993年版

44. 《文化意識與宇宙的探索》唐君毅著，張祥洪編　中國廣播電視出版社（北京）　1993年版

45. 《春秋繁露》（漢）董仲舒著　上海古籍出版社　1989年版

46. 《人性與自我修養》（美）杜維明著　中國和平出版社（北京）　1988年版

47. 《中國文化的現代化與世界化》（美）成中英著　中國和平出版社（北京）1988年版

48. 《資本主義文化矛盾》（美）丹尼爾・貝爾著，趙一凡、蒲隆、任曉晉譯　生活・讀書・新知三聯書店（北京）　1989年版

49. 《人類本性與社會秩序》（美）查爾斯・霍頓・庫利著，包凡一、王源譯　華廈出版社（北京）　1989年版

50. 《中國哲學史新篇》（全七冊）馮友蘭著　人民出版社（北京）　1984年版

51. 《儒家思想與現代化》劉述先著，景海峰編　中國廣播電視出版社（北京）1992年版

52. 《生命理想與文化類型》方東美著，蔣國保等編　中國廣播電視出版社（北京）　1992年版

53. 《西方的智慧》（美）阿德勒著，（臺灣）周勛南譯　吉林文史出版社（長春）1990年版

54. 《人論》（德）恩斯特・卡西爾著，甘陽譯　上海譯文出版社　1985年版

55. 《德國哲學家論中國》秦家懿編譯　生活・讀書・新知三聯書店（北京）1993年版

名詞索引

十二畫

十三畫

十五畫

十六畫

十七畫

十八畫

人名索引

十二畫

後 記

　　寫完這本書，已近六月，炎熱的南昌之夏蹣跚而至，坐在我這間處於喧鬧的學生宿舍裡的書房——「神游齋」，我有一種慶幸感，因為若非運氣好，這本《楊簡》也許永遠也寫不出來。

　　我雖然在大學供職已有十餘年，但住房僅有三十五平方米，由於藏書多、資料多，房間顯得擁擠不堪，學校為照顧我而在學生宿舍裡借了一間房，於是我便有了一間簡陋的書房。我在一篇短文〈火難「神游齋」〉中這樣寫道：

　　　「我在喧鬧的學生宿舍有一間簡陋的書房，四壁老舊的書架排滿了哲學、史學和其它方面的書籍，還有我歷年心血凝聚成的書稿、文章和卡片。我好作玄思冥想，亦喜精神上的自由馳騁，故請長於書法的雪騁兄題寫了三個字：『神游齋』。」

　　林一民教授供職中文系，專攻外國文學，極有智慧，為人豪爽，他寫道：「一次偶爾的機會，我越過雜亂無章的自行車叢，穿過昏暗幽黑的走廊，以及布滿它兩旁的鍋碗瓢盆，來到學生宿舍二棟三樓，無意中來到這間被譽為精神旅遊勝地的神游齋。……被人說得神乎其神的神游齋，其實是一間陋室……，四周的書架上，除了書還是書。……坐下之後，我一邊聽神聊，一邊暗自納悶：我的視覺與我的感覺相差何其遠也，這是一個再簡陋不過的地方，給我初進來時的感受，卻是『山窮水盡，忽又柳暗花明』。正如孔子所言：『君子居之，何陋之有？』自此以後，每當我路過學生宿舍樓，不由地會想到那兒去神遊一番」。

　　林教授寥寥幾筆，「神游齋」可謂呼之欲出了：「它簡陋得可以，

卻也豐富的可以，有書有報有雜誌，還有清茶和滿座的高朋。」

一天晚上，我夢見「神游齋」起火，一切化為灰燼，我痛心疾首，幸好，只是南柯一夢。從此，我非常小心火燭，唯恐大火無情，一生心血付之東流。我時常與朋友談及這個怪夢，雙手一攤：若真的如此，吾將何之？

傍晚，我通常不去書齋，喜歡在電視機前欣賞各種槍戰片。一天，電話鈴突然響了起來，我拿起電話，一個陌生的聲音說：「鄭老師，您書房起火了。」我的血全都湧上了大腦，脹得我無法忍受。我一邊迅速下樓朝學生宿舍奔去，一邊暗自思忖：若「神游齋」燒光了，我明天就到彌陀寺出家去。

不幸中的萬幸，由於門窗緊閉，室內空氣甚少，也因為撲火及時，只有一架書被燒毀，其餘保存完好。我損失了一、二百萬字的手稿，但卻保住了另外幾百萬字的講義及稿件。我整整一天不願踏進「神游齋」半步，無法忍受這次浩劫。最後我終於推開了門，一股濃烈的煙熏味猛地竄出，但見四壁熏得漆黑，雖然我的妻子和研究生們忙了整整一天，裡面仍然慘不忍睹。

奇怪的是，緊靠在被燒毀書櫥的小書架，以及房子中間的大桌子竟然沒有任何火燒的痕跡。或許，我想，是我剛出版的放在書架上的《中國避邪文化大觀》一書和置於書桌上的《中國避邪文化之科學透視》一文真的幫我避了邪！

人生在劫難逃，無論你有無預感；人之生活也極脆弱，天災人禍隨時會突然降臨。此時也好，彼時也罷，人都得有顆堅強的心；尤其重要的是找到一些理由來自我安慰：如果不是這樣，定會發生更嚴重的災難；如果那樣的話，豈不遭受更大的禍患？

火難之後，我才發現所有為《楊簡》一書準備的資料，包括原

典，我的幾十萬字的資料分類摘抄，以及各種有關的卡片等，幸而都未燒毀，不過，許多資料上面覆蓋有滅火泡沫的痕跡和煙燻火燎的油黑色。所以說，若非幸運，《楊簡》一書豈非難產？

　　這，也許是撰著《楊簡》一書的過程裡值得記載之事吧？祈望「老天」不負我，我亦不負讀者殷切之期望。

鄭曉江記於

南昌青山湖畔「神游齋」

一九九五年五月二十二號十點

世界哲學家叢書（一）

書　　　　　名	作　　　者	出　版　狀　況
孔　　　　　子	韋　政　通	已　　出　　版
孟　　　　　子	黃　俊　傑	已　　出　　版
莊　　　　　子	吳　光　明	已　　出　　版
墨　　　　　子	王　讚　源	已　　出　　版
淮　　南　　子	李　　　增	已　　出　　版
董　　仲　　舒	韋　政　通	已　　出　　版
揚　　　　　雄	陳　福　濱	已　　出　　版
王　　　　　充	林　麗　雪	已　　出　　版
王　　　　　弼	林　麗　真	已　　出　　版
阮　　　　　籍	辛　　　旗	已　　出　　版
劉　　　　　勰	劉　綱　紀	已　　出　　版
周　　敦　　頤	陳　郁　夫	已　　出　　版
張　　　　　載	黃　秀　璣	已　　出　　版
李　　　　　覯	謝　善　元	已　　出　　版
楊　　　　　簡	鄭曉江 李承貴	已　　出　　版
王　　安　　石	王　明　蓀	已　　出　　版
程顥、程頤	李　日　章	已　　出　　版
胡　　　　　宏	王　立　新	已　　出　　版
朱　　　　　熹	陳　榮　捷	已　　出　　版
陸　　象　　山	曾　春　海	已　　出　　版
王　　廷　　相	葛　榮　晉	已　　出　　版
王　　陽　　明	秦　家　懿	已　　出　　版
方　　以　　智	劉　君　燦	已　　出　　版
朱　　舜　　水	李　甦　平	已　　出　　版
戴　　　　　震	張　立　文	已　　出　　版

世界哲學家叢書 (二)

書　　　　　名	作　　　者	出　版　狀　況
竺　　道　　生	陳　沛　然	已　　出　　版
慧　　　　　遠	區　結　成	已　　出　　版
僧　　　　　肇	李　潤　生	已　　出　　版
吉　　　　　藏	楊　惠　南	已　　出　　版
法　　　　　藏	方　立　天	已　　出　　版
惠　　　　　能	楊　惠　南	已　　出　　版
宗　　　　　密	冉　雲　華	已　　出　　版
湛　　　　　然	賴　永　海	已　　出　　版
知　　　　　禮	釋　慧　岳	已　　出　　版
嚴　　　　　復	王　中　江	排　　印　　中
章　　太　　炎	姜　義　華	已　　出　　版
熊　　十　　力	景　海　峰	已　　出　　版
梁　　漱　　溟	王　宗　昱	已　　出　　版
殷　　海　　光	章　　　清	已　　出　　版
金　　岳　　霖	胡　　　軍	已　　出　　版
馮　　友　　蘭	殷　　　鼎	已　　出　　版
湯　　用　　彤	孫　尚　揚	已　　出　　版
賀　　　　　麟	張　學　智	已　　出　　版
商　　羯　　羅	江　亦　麗	排　　印　　中
泰　　戈　　爾	宮　　　靜	已　　出　　版
奧羅賓多・高士地	朱　明　忠	已　　出　　版
甘　　　　　地	馬　小　鶴	已　　出　　版
拉達克里希南	宮　　　靜	已　　出　　版
李　　栗　　谷	宋　錫　球	已　　出　　版
道　　　　　元	傅　偉　勳	已　　出　　版

世界哲學家叢書（三）

書　　　　　名	作　　者	出　版　狀　況
山　鹿　素　行	劉　梅　琴	已　出　版
山　崎　闇　齋	岡　田　武　彥	已　出　版
三　宅　尚　齋	海老田輝巳	已　出　版
貝　原　益　軒	岡　田　武　彥	已　出　版
楠　本　端　山	岡　田　武　彥	已　出　版
吉　田　松　陰	山　口　宗　之	已　出　版
亞　里　斯　多　德	曾　仰　如	已　出　版
伊　壁　鳩　魯	楊　　適	排　印　中
伊　本　·　赫　勒　敦	馬　小　鶴	已　出　版
尼　古　拉　·　庫　薩	李　秋　零	排　印　中
笛　卡　兒	孫　振　青	已　出　版
斯　賓　諾　莎	洪　漢　鼎	已　出　版
萊　布　尼　茨	陳　修　齋	已　出　版
托　馬　斯　·　霍　布　斯	余　麗　嫦	已　出　版
洛　克	謝　啓　武	排　印　中
巴　克　萊	蔡　信　安	已　出　版
休　謨	李　瑞　全	已　出　版
托　馬　斯　·　銳　德	倪　培　民	已　出　版
伏　爾　泰	李　鳳　鳴	已　出　版
孟　德　斯　鳩	侯　鴻　勳	已　出　版
費　希　特	洪　漢　鼎	已　出　版
謝　林	鄧　安　慶	已　出　版
祁　克　果	陳　俊　輝	已　出　版
彭　加　勒	李　醒　民	已　出　版
馬　赫	李　醒　民	已　出　版

世界哲學家叢書 (四)

書　　　　　名	作　　　者	出 版 狀 況
迪　　　　　昂	李　醒　民	排　　印　　中
恩　格　斯	李　步　樓	排　　印　　中
約　翰　彌　爾	張　明　貴	已　　出　　版
狄　爾　泰	張　旺　山	已　　出　　版
弗　洛　伊　德	陳　小　文	已　　出　　版
史　賓　格　勒	商　戈　令	已　　出　　版
雅　斯　培	黃　　藿	已　　出　　版
胡　塞　爾	蔡　美　麗	已　　出　　版
馬克斯·謝勒	江　日　新	已　　出　　版
海　德　格	項　退　結	已　　出　　版
高　達　美	嚴　　平	排　　印　　中
哈　伯　馬　斯	李　英　明	已　　出　　版
榮　　　　　格	劉　耀　中	已　　出　　版
皮　亞　傑	杜　麗　燕	已　　出　　版
索　洛　維　約　夫	徐　鳳　林	已　　出　　版
馬　賽　爾	陸　達　誠	已　　出　　版
布　拉　德　雷	張　家　龍	排　　印　　中
懷　特　海	陳　奎　德	已　　出　　版
玻　　　　　爾	戈　　革	已　　出　　版
弗　雷　格	王　　路	已　　出　　版
石　里　克	韓　林　合	已　　出　　版
維　根　斯　坦	范　光　棣	已　　出　　版
艾　耶　爾	張　家　龍	已　　出　　版
奧　斯　丁	劉　福　增	已　　出　　版
魯　一　士	黃　秀　璣	已　　出　　版

世界哲學家叢書（五）

書　　　　　名	作　　者	出　版　狀　況
蒯　　　　　因	陳　　波	已　　出　　版
庫　　　　　恩	吳　以　義	已　　出　　版
洛　　爾　　斯	石　元　康	已　　出　　版
喬　姆　斯　基	韓　林　合	已　　出　　版
馬　克　弗　森	許　國　賢	已　　出　　版
尼　　布　　爾	卓　新　平	已　　出　　版